Comprendre Kant

« Comprendre/essai graphique »
www.maxmilo.com
ISBN 978-2-315-00725-7

Thibaut Gress – Sébastien Barbara

Comprendre Kant

Max Milo
Comprendre/essai graphique

Du même auteur

Apprendre à philosopher avec Descartes, Paris, Ellipses, 2009

Descartes et la précarité du monde. Essai sur les ontologies cartésiennes, Paris, CNRS-éditions, 2012

Descartes, admiration et sensibilité, Paris, PUF, 2013

*Leçons sur les Méditations m*étaphysiques. Baroque et art d'écrire, Paris, Ellipses, 2013

L'œil et l'intelligible. Essai sur le sens philosophique de la forme en peinture, 2 volumes, Paris, Kimé, 2015

Hegel. Idéaliste allemand penseur de la liberté, M-Editer, 2016

Paris philosophique. Balade philosophique, 6 volumes, Paris, Ipagine, 2016

(avec Paul Mirault), *La philosophie au risque de l'intelligence extraterrestre*, Paris, Vrin, 2016

Avertissement

L'édition allemande de référence des œuvres complètes de Kant est celle de l'Académie de Berlin. Elle est nommée en allemand *Kant's Gesammelte Schriften, « Akademie Ausgabe »*, et contient vingt-neuf volumes. On note traditionnellement cette édition AK suivi du numéro de volume et de page.

Dans le cas particulier de la *Critique de la raison pure*, deux éditions ont paru du vivant de Kant. La première, de 1781, est l'édition A ; la seconde, de 1787, est l'édition B. Le numéro de volume de l'édition de l'Académie de Berlin est le III. De ce fait, toutes les références allemandes à la *Critique de la raison pure* seront structurées ainsi : AK III, A (suivi du numéro de page) / B, (suivi du numéro de page).

Nous citerons pour les traductions françaises les Œuvres philosophiques (notées *OP*) de Kant, parues en trois volumes sous la direction de Ferdinand Alquié. Elles ont été publiées par Gallimard dans la collection de la Pléiade entre 1980 et 1986. Nous citerons les œuvres françaises ainsi : *OP* suivi du numéro de volume et de page.

Les traductions françaises autres que celles de la Pléiade seront précisées en notes.

Notice sur la vie et l'œuvre d'Emmanuel Kant

Figure majeure des Lumières allemandes, Emmanuel Kant (1724-1804) restera à jamais associé à la ville de Königsberg en Prusse orientale (aujourd'hui Kaliningrad, en Russie) et au criticisme en philosophie.

Né dans une famille protestante avec une mère piétiste plaçant la foi au-dessus de la raison, il n'aura pourtant cesse d'exalter le pouvoir mais aussi les limites de celle-ci, sondant dans la philosophie critique le pouvoir de connaître que contient la raison. Le criticisme apparaît donc non pas comme une entreprise de négation ou de dénigrement mais bien plutôt comme un examen patient et rigoureux qu'entreprend la raison sur elle-même afin de distinguer ce qui, pour elle, est connaissable de ce qui ne l'est pas.

Étudiant en théologie dès 1740, Kant découvre également à l'université de Königsberg la physique de Newton ainsi que l'astronomie. Ses préoccupations théologiques se trouvent ainsi très rapidement enrichies par de solides connaissances scientifiques qui l'amènent à réfléchir sur les progrès qu'a connus la physique par opposition à ce qui lui semble être une stagnation durable de la métaphysique.

En 1755, il obtient un poste à l'université, toujours à Königsberg, et devient le premier philosophe moderne de grande envergure à assurer un enseignement universitaire constant, ce qui contraste avec les philosophes de la Renaissance ou du XVIIe siècle qui écrivaient et pensaient toujours en marge de l'Université.

En 1781 paraît, après de nombreux petits traités, son œuvre la plus marquante, la *Critique de la raison pure*, qui se trouve substantiellement remaniée en

1787. Un an plus tard, en 1788, paraît la seconde Critique, la *Critique de la raison pratique*, qui interroge le devoir moral du sujet. En 1790, il publie la troisième Critique, la *Critique de la faculté de juger* qui, à travers la notion de jugement, tente de faire le lien entre l'usage théorique de la raison qui est dévolu à la connaissance des phénomènes et l'usage pratique qui se concentre sur la question du devoir moral. C'est dans cette décennie 1780-1790 que son génie philosophique s'exprime ainsi le mieux, et qu'il bâtit les fondements d'une pensée moderne et éclairée, que fortifieront quelques écrits ultérieurs mais de moindre importance.

Il meurt en 1804 à Königsberg, ville qu'il semble n'avoir jamais quittée, sans que cela l'ait empêché d'élaborer une philosophie dont le maître mot est peut-être bien celui d'universalité.

Introduction
L'accueil des phénomènes

Toute l'œuvre de Kant peut être envisagée comme une tentative de comprendre d'où provient le sens que nous donnons au monde, c'est-à-dire comme l'ambition de déterminer d'où vient le fait que nous avons la possibilité de trouver telle ou telle action bonne ou mauvaise, tel ou tel élément beau ou laid, ou encore tel événement logique, normal ou au contraire surprenant. Nous appellerons ainsi « sens » les propriétés que nous attribuons au monde, les propriétés par lesquelles nous ne nous contentons pas de constater la présence du monde mais grâce auxquelles nous *caractérisons* – c'est-à-dire donnons sens à – ce qui nous apparaît.

Néanmoins, avant de caractériser le monde, donc avant de lui donner sens, encore faut-il que nous soyons en relation avec ce dernier, que nous ayons un monde à caractériser, un monde à rendre *sensé*. Cette introduction propose donc de comprendre quelle est la nature du monde qui nous apparaît et dont Kant ambitionne de comprendre la structure.

Plongeons-nous pour ce faire dans une remarque de Hegel tirée de la *Phénoménologie de l'esprit* largement inspirée des réflexions kantiennes : Hegel nous dit en effet que dans la sensation, nous nous comportons sur « le mode [...] de l'accueil »[1], donc que nous recevons passivement nos sensations, ce qui signifie immédiatement qu'il y a en nous une faculté de *réception* par laquelle seule nous pouvons recevoir la présence du monde. Si nous étions en effet une sorte de forteresse dénuée d'ouverture sur ce qui n'est pas nous, nous ne pourrions aucunement entrer en relation avec ce qui n'est pas nous, c'est-à-dire recevoir une série d'informations sensibles sur le monde.

---

1. Hegel, *Phénoménologie de l'esprit*, « La certitude sensible », trad. Bernard Bourgeois, Paris, Vrin, 2006, p. 131.

Mais dire cela n'est pas si anodin qu'il n'y paraît : c'est déjà faire sentir que *je sens le monde non pas parce qu'il y a un monde mais parce que je suis capable, moi, de le sentir ; en d'autres termes, je sens le monde parce que quelque chose en moi rend possible ce contact avec le monde*. Prenons un exemple de la vie quotidienne afin de caractériser cette réflexion et supposons que je marche distraitement dans la rue tant et si bien que je me cogne dans un poteau. La vision naïve de la scène m'amènerait à penser que si j'ai senti le choc, c'est à cause de la présence du poteau qui a fait obstacle à ma progression. Mais si nous nous élevons à un niveau de questionnement philosophique kantien ou hégélien, la scène change de sens : je me suis heurté au poteau d'abord parce que quelque chose en moi a rendu possible la réception des impressions tactiles et a rendu possible le fait que mon corps éprouve le choc né de l'impact. Sans cette possibilité-là, le poteau aurait bien pu être là, je n'aurais strictement rien senti.

Allons voir, pour mieux cerner la manière dont Kant raisonne, les textes mêmes de ce dernier :

« Qu'espace et temps ne soient que des formes de l'intuition sensible, donc uniquement des conditions de l'existence des choses en tant que phénomènes, que nous ne possédions en outre pas de concepts de l'entendement (donc, aucun élément) pour parvenir à la connaissance des choses, si ce n'est dans la mesure où une intuition correspondant à ces concepts peut être donnée, que, par conséquent, nous ne puissions acquérir la connaissance d'aucun objet comme chose en soi, mais seulement en tant qu'il est objet d'intuition sensible, c'est-à-dire en tant que phénomène, c'est là ce qui est démontré dans la partie analytique de la Critique [...].[2] »

La première difficulté avec les textes kantiens tient à la longueur de leurs phrases dont il faut sans cesse analyser la structure grammaticale pour comprendre les référents des pronoms et les sujets des verbes. Il convient par ailleurs de prêter attention à chaque terme utilisé : d'abord Kant évoque

2. Emmanuel Kant, *Critique de la raison pure*, AK III, 16 ; B 25-26, trad. Alain Renaut, Paris, GF, 2006, p. 82.

la notion d'intuition sensible, l'intuition étant un contact direct. Par conséquent, dans le cadre de nos sensations, nous entretenons un contact direct, dénué d'intermédiaires, avec le monde sensible. Le monde apparaît directement à mes sens sans outil qui vienne s'y interposer. Il faut en déduire que la sensation est infraconceptuelle puisque le concept serait un intermédiaire entre mes sens et le monde senti, de sorte que je peux sentir le monde quand bien même je ne disposerais pas de concepts pour identifier ce qui apparaît. Par ailleurs, Kant ne se contente pas d'évoquer l'intuition mais ajoute l'idée de formes : les formes sont des structures, ce qui veut dire qu'il s'intéresse à ce qui structure la sensation, donc l'intuition. Nous intuitionnons donc le monde, nous le recevons *directement* mais cela ne nous dit pas ce qui structure cette intuition. À en croire Kant, ce sont l'espace et le temps qui structurent nos intuitions ; qu'est-ce à dire ? Cela signifie que tout ce que nous sentons ou ressentons apparaîtra forcément dans l'espace et le temps, ou, pour le dire autrement, que toute apparition sensible sera *structurée* de manière temporelle et spatiale.

En somme, tout contact direct avec le monde sera reçu sous une forme temporelle et spatiale. Enfin, Kant appelle *phénomènes* ce qui m'est donné par l'intuition ; or l'intuition me donnant les éléments sensibles, nous pouvons définir les phénomènes comme des représentations sensibles apparaissant dans l'espace et le temps.

Mais pourquoi Kant dit-il que l'espace et le temps sont des *formes* de l'intuition sensible ? Nous comprenons que la forme étant une structure, cela revient à dire que l'espace et le temps *structurent* l'apparition des phénomènes. Mais regardons de plus près : Kant ne dit pas que l'espace et le temps structurent les phénomènes, il écrit plutôt qu'ils structurent l'intuition sensible, donc le *rapport direct du sujet aux phénomènes.* Par conséquent l'espace et le temps ne sont pas des propriétés de ce qui apparaît, mais bien plutôt du *rapport à ce qui apparaît.* Or si nous repensons à l'exemple précédent où je me cogne dans un poteau, où donc le sujet se heurte à un objet, nous constatons que ce rapport n'est pas rendu possible par la présence du poteau mais d'abord et avant tout par la structure du sujet : quelque chose appartenant au sujet a rendu possible le rapport de choc avec l'objet. Nous pouvons donc en conclure que si le rapport du sujet à l'objet est rendu possible par le sujet lui-même, et si l'espace et le temps relèvent du rapport du sujet aux phénomènes, *alors l'espace et le temps sont précisément cette propriété du sujet rendant possible l'apparition des phénomènes.*

Que signifie l'affirmation précédente ? Rien de moins que ceci : *l'espace et le temps sont des structures de la représentation sensible et non des réalités en soi, c'est-à-dire indépendantes du sujet.* Prenons un exemple pour comprendre cette affirmation délicate de Kant : essayons de nous imaginer une mélodie en faisant abstraction du temps. Nous nous rendons compte que la mélodie ne peut être entendue si nous faisons abstraction du temps, ce qui revient à dire que la conscience ne peut pas se passer du temps pour se représenter la mélodie. Qu'est-ce à dire ? Kant comprend que cela ne dit rien de la mélodie, c'est-à-dire du phénomène, mais dit au contraire tout de la conscience qui ne peut pas ne pas se représenter

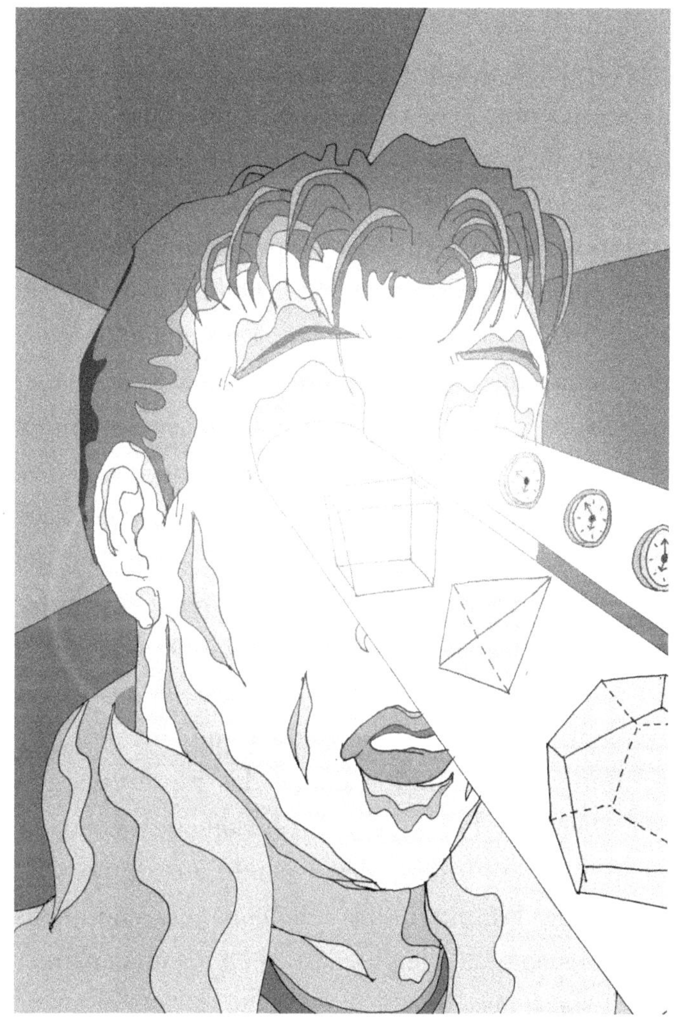

la mélodie sous une forme temporelle. La conscience manifeste là son besoin absolu et systématique de se représenter toutes choses dans le temps car dire que l'on ne peut pas se représenter un phénomène en dehors du temps, ce n'est rien dire du phénomène en question mais tout dire de ce que peut la conscience et de ce qu'elle ne peut pas. Et le même raisonnement peut être effectué pour l'espace. En somme, l'espace et le temps ne sont pas des propriétés de la réalité, ni même des produits de l'expérience, mais bien plutôt des structures que la conscience ne peut pas ne pas adopter quand elle se rapporte aux phénomènes, ce qui revient à dire que *l'espace et le temps sont des structures inscrites dans le sujet qui rendent possible l'apparition des phénomènes*. La logique est ainsi la suivante : l'espace et le temps inscrits dans le sujet rendent possible le rapport direct que l'on appellera l'intuition, et l'intuition donne des représentations sensibles que l'on appellera phénomènes. L'espace et le temps sont donc des « conditions de possibilité » de l'intuition des phénomènes, conditions inscrites en tout sujet humain, et en aucun cas tirées de l'expérience.

Mais nous n'avons pas fini d'analyser cette citation si riche : Kant note en effet que nous ne pouvons connaître que les phénomènes, c'est-à-dire que nos concepts ne peuvent s'appliquer qu'à ces derniers, les « choses en soi » étant exclues de la connaissance. Mais qu'est-ce qu'une « chose en soi » ? C'est une chose absolue, c'est-à-dire indépendante de toutes choses, en soi étant un synonyme d'absolu. En l'occurrence, la chose en soi est donc indépendante de la conscience, c'est-à-dire de l'espace et du temps ; en outre, puisque l'on ne peut non plus dire ce qu'elle est, elle est indépendante de mes concepts, d'où le lexique très indéterminé de « chose ». Par conséquent, la chose en soi et le phénomène ne sont pas en soi différents ; le phénomène est bien plutôt la chose en soi prise relativement à ma conscience, donc relativement à l'espace et au temps. En d'autres termes, tout phénomène ne désigne rien d'autre que la manière dont la chose en soi se trouve saisie spatio-temporellement par un sujet conscient, qui est comme prisonnier de son propre cadre et qui est contraint de ne saisir de la réalité que ce qui est relatif à sa propre structure, c'est-à-dire ce qui est relatif à l'espace et au temps. Pour connaître la chose en soi, il faudrait que le sujet sorte de lui-même et puisse s'affranchir des cadres spatio-temporels qui lui sont hélas inhérents ; ne pouvant sortir de lui-même, ne pouvant quitter la structure spatio-temporelle qui le caractérise, le sujet est condamné à manquer l'absolu et à ne pouvoir se rapporter qu'à ce qui est relatif à sa propre conscience, donc aux phénomènes.

Concluons : la première partie de la *Critique de la raison pure* s'intitule « Esthétique transcendantale ». Il faut entendre dans esthétique la racine grecque d'*aisthésis* (αἴσθησις) signifiant sensation. Kant s'interroge en effet sur la source de nos sensations, et comprend que si nous avons la possibilité de sentir, cela tient à cette *passivité* inscrite en nous qui nous permet de *recevoir* des sensations externes ; cette passivité, ce sont l'espace et le temps, sortes de fenêtres par lesquelles nous parviennent les phénomènes et grâce auxquelles nous ne sommes pas emmurés en nous-mêmes. *L'espace et le temps n'apparaissent donc pas comme tels mais constituent plutôt des présentations des phénomènes, cadre exclusif à travers lequel se manifestent les phénomènes.* Mais cette ouverture à ce qui n'est pas nous[3] est en même temps un enfermement : nous ne pouvons nous rapporter qu'à ce qui correspond à la structure de notre conscience, donc qu'à ce qui nous apparaît *relativement* à l'espace et au temps. La chose en soi étant absolue, donc indépendante de tout en général

3. Ce sera l'objet de la critique d'héritiers de Kant appelés les néokantiens ; ils reprocheront à Kant d'avoir commencé par un élément extérieur au sujet et amenderont donc le kantisme en combattant l'esthétique transcendantale. Cf. en particulier Hermann Cohen (1842-1918), dans la *Logique de la connaissance pure* où l'auteur forme le projet d'un refus de l'esthétique transcendantale revenant à supposer un commencement à la pensée situé à l'extérieur de cette dernière. Contre ce départ extérieur à la pensée, Cohen exalte la pensée pure : « C'est en elle-même et exclusivement que la pensée pure doit produire de manière exclusive les connaissances pures. Partant, la doctrine de la pensée doit devenir la doctrine de la connaissance. Nous cherchons ici à élaborer la logique pour en faire cette doctrine de la pensée, doctrine qui est, en soi, théorie de la connaissance » Hermann COHEN, *Logique de la connaissance pure* (1902), trad. Marc B. de Launay dans *Néokantismes et théorie de la connaissance*, Paris, Vrin, 2000, p. 58.

et de ma conscience en particulier, elle ne saurait se plier à ce cadre spatio-temporel.

Mais pourquoi l'esthétique est-elle dite transcendantale ? Si nous suivons ce qu'expose Kant, nous comprenons que tout sujet, indépendamment de l'expérience, est doté de ce cadre par lequel il est comme condamné à ne recevoir de représentations sensibles que spatio-temporellement. En d'autres termes, pour tout sujet, l'expérience sensible du monde se révèle spatio-temporelle, et ce, à cause de la structure universelle du sujet. Le « transcendantal » désigne donc cette structure universelle inscrite en tout sujet – Kant appelle cela l'*a priori* – qui donne forme et sens à ce qui apparaît empiriquement – Kant nomme cela l'*a posteriori*. Ainsi le transcendantal est-il cette forme inscrite en tout sujet humain lui permettant d'organiser de manière commune l'apparition du monde. L'espace et le temps sont ainsi qualifiés d'intuitions pures *a priori* parce qu'ils ne dépendent pas de l'expérience mais de la structure de tout sujet (*a priori*), parce que pris pour eux-mêmes ils ne contiennent aucune trace de matière (pureté) et parce qu'ils rendent possible tout rapport direct aux phénomènes (intuition).

Synthétisons : l'esthétique transcendantale étudie la manière dont la structure *a priori* du sujet organise l'apparition *a posteriori* du monde sensible et révèle que l'espace et le temps sont des intuitions pures *a priori*, c'est-à-dire des conditions de possibilité inscrites en tout sujet humain de rapport sensible à une extériorité. Ce n'est donc pas l'objet qui explique pourquoi je sens quelque chose mais bien la structure du sujet qui rend possible une telle sensation. Le temps et l'espace ne sauraient toutefois être présentés comme parfaitement identiques : si *tous* les phénomènes apparaissent dans le temps, tous n'apparaissent pas pour autant dans l'espace : les états émotionnels, les sensations internes nous permettant de sentir nos états physiologiques sont temporels et non spatiaux.

1
Savoir

L'introduction nous a permis de comprendre ce qu'étaient des phénomènes, mais encore faut-il à présent déterminer ce que peut signifier *connaître* des phénomènes, alors que nous savons d'ores et déjà que les choses en soi sont inconnaissables puisque l'absolu ne saurait devenir relatif (à la conscience spatio-temporelle) sans perdre son absoluité. Ajoutons également que la connaissance dont parle Kant n'est pas spécifiquement scientifique ; il lui importe moins de se demander à quelles conditions un énoncé peut être dit scientifique que de déterminer à quelles conditions nous pouvons disposer d'un savoir quotidien sur le monde qui nous apparaît et dont chaque sujet pourrait faire usage à chaque instant. Le savoir désigne donc ici la capacité du sujet à *caractériser* le monde qui lui apparaît, à donner *sens* aux phénomènes afin que ceux-ci lui apparaissent comme cohérents et normaux.

1° Juger

Toute tentative de *dire* quelque chose du monde passe par le jugement que Kant définit en ces termes en 1762 : « Juger, c'est comparer à une chose quelque chose pris comme un caractère. La chose elle-même est le sujet, le caractère est le prédicat.[4] » Le jugement est donc un acte de la pensée par lequel le sujet attribue à un sujet un prédicat, c'est-à-dire une propriété à un objet précis. Si je dis « cette porte est fermée », j'attribue le prédicat « fermée » à l'objet « porte », sachant que le sujet tout comme le prédicat sont tous deux des concepts, c'est-à-dire une représentation intellectuelle générale d'une chose ou d'une idée. Pour nommer la porte, je dois déjà disposer d'un concept général de « porte » me permettant d'identifier le phénomène précis qui

4. Emmanuel Kant, *De la fausse subtilité des quatre figures du syllogisme*, § 1, AK II, 47 ; *OP I*, 177.

[OBJET :]
+
[PROPRIÉTÉ :]
CETTE PORTE
EST
FERMÉE

m'apparaît, de même que je dois pouvoir reconnaître la notion de « fermeture » pour pouvoir affirmer que la porte est bel et bien fermée. Un jugement peut donc être défini comme la mise en relation de plusieurs concepts, et puisque les concepts sont le produit de l'entendement qui a pour mission de s'élever aux représentations générales, alors on peut en déduire que l'entendement est un pouvoir de juger.

Mais cela ne signifie pas que tous les jugements se ramènent à l'unité ; il est plusieurs manières de juger, donc de rapporter des concepts l'un à l'autre. Lisons à cet effet un long passage de l'introduction de la *Critique de la raison pure* :

« Dans tous les jugements où le rapport d'un sujet au prédicat se trouve pensé [...], ce rapport est possible de deux manières. Ou bien le prédicat B appartient au sujet A comme quelque chose qui est contenu dans ce concept A (de façon implicite) ; ou bien B est tout à fait extérieur au concept A, bien qu'il soit tout de même en connexion avec lui. Dans le premier cas, j'appelle le jugement *analytique*, dans l'autre *synthétique*. Analytiques [...] sont donc les jugements dans lesquels la connexion du prédicat avec le sujet est pensée par identité, tandis que ceux dans lesquels cette connexion est pensée sans identité, se doivent appeler jugements synthétiques. Les premiers, on pourrait les appeler aussi jugements *explicatifs*, et les autres jugements *extensifs*, parce que les premiers par le prédicat n'ajoutent rien au concept du sujet, mais le décomposent seulement par analyse en ses concepts partiels qui étaient déjà pensés en lui (bien que confusément), alors qu'au contraire les seconds ajoutent au concept du sujet un prédicat qui n'était nullement pensé en lui et n'aurait pu en être tiré par aucune analyse de celui-ci.[5] »

Prenons donc le jugement « A est B » et demandons-nous quelle relation peut exister entre les deux concepts. Kant propose de dire que dans le premier cas le prédicat (B) est contenu dans le sujet (A), ce qui signifie que si je décompose A, je trouve B.

---

5. Emmanuel Kant, *Critique de la raison pure*, Introduction, AK III, 33-34, A 6-7/B 10-11, GF, p. 100.

Qu'est-ce à dire ? *Kant se situe ici exclusivement au niveau de la pensée, de la représentation intellectuelle* : la décomposition porte sur le concept lui-même, et non sur la chose en soi ; il s'agit dans ces conditions de *décortiquer ce à quoi nous pensons lorsque nous pensons à un sujet précis*. Prenons l'exemple de « l'or est jaune » et analysons ce à quoi nous pensons lorsque nous pensons à l'or ; il est clair que nous ne pouvons pas nous représenter un or qui ne soit pas jaune ; cela ne signifie pas que dans la réalité l'or est nécessairement jaune mais cela signifie qu'au niveau du jugement, nous nous représentons l'or comme contenant nécessairement la couleur jaune ; en ce sens, si je dis que « l'or est jaune », je n'apporte pas de réelle connaissance, *je ne fais qu'expliciter un des concepts auxquels je pense nécessairement lorsque je me représente l'or*. C'est pourquoi Kant affirme que les jugements analytiques sont « explicatifs » car ils précisent la ou les propriétés du sujet que je me représente lorsque je pense à ce dernier. Idem si je dis « tous les corps sont étendus », je ne signifie rien d'autre que la nécessité pour ma pensée de se représenter tout corps comme occupant une portion donnée de l'espace, de sorte que je ne peux pas me représenter un corps qui resterait un corps sans occuper une portion d'espace ; Kant sonde donc le fonctionnement de la pensée et le contenu des concepts, et en conclut qu'un jugement sera analytique quand la pensée sera dans l'incapacité de retrancher une propriété d'un sujet donné : je ne peux pas me représenter de l'or non jaune, de même que je ne peux pas me représenter un corps n'occupant pas une place dans l'espace. *Le jugement analytique ne prétend donc pas parler des choses mais uniquement de la représentation conceptuelle que je me fais des choses.*

Tout autre est le cas des jugements synthétiques : ceux-ci sont « extensifs » car ils apportent un ou plusieurs concepts que l'analyse du sujet ne pouvait révéler. En d'autres termes, ils apportent une caractérisation du sujet que ma représentation de ce dernier ne contenait pas nécessairement. Si je dis « cette rose est noire », je dispose d'un sujet « cette rose » que je peux me représenter comme rose, rouge, noire ou jaune ; par conséquent, rien dans ma représentation conceptuelle de la rose ne m'incite à nécessairement l'associer à la noirceur. De ce fait, seul un élément nouveau, extérieur à la représentation initiale que j'ai de l'objet, me permettra de caractériser correctement le sujet de départ. Le jugement est bien *extensif* puisqu'il étend la connaissance initiale que j'avais de mon sujet de départ et n'hésite cette fois pas à plonger dans le monde phénoménal pour y piocher des informations permettant de parler des choses mêmes et non simplement de leurs représentations conceptuelles. Je ne parle pas ici de la rose en général mais de *cette rose-ci*.

Forts de cette distinction, nous pouvons à présent la croiser avec deux autres concepts kantiens que sont l'*a priori* et l'*a posteriori*. Est *a priori* ce qui se définit « indépendamment de l'expérience »[6] et qui est donc intégralement relatif au sujet ; inversement, est *a posteriori* ce qui nécessite une sortie hors du sujet et une sollicitation de l'expérience. Les caractéristiques de l'*a priori* sont la nécessité

6. *Ibid.*, AK, IV, 18, A 2, GF, p. 97, note a.

et l'universalité ce qui revient à dire que *ce qui est représenté* a priori *ne peut pas ne pas être représenté, et est représenté de cette manière chez tout sujet rationnel.* Ainsi, l'espace et le temps sont-ils des intuitions pures *a priori* en ceci que *tous les sujets* (universalité) se rapportent au monde par l'espace et le temps et qu'ils ne peuvent pas ne pas y recourir (nécessité) en tant que l'espace et le temps sont inscrits en eux. Qu'en est-il des jugements analytiques et synthétiques ? Le jugement analytique est une décomposition par la pensée d'un concept afin d'examiner quels autres concepts il contient : de ce fait, la pensée ne sort pas d'elle-même puisqu'elle examine un de ses propres éléments ; aucun recours à l'expérience n'est ici nécessaire, de sorte que *tout jugement analytique est a priori*[7].

7. Dans le cas de « l'or est jaune », on pourrait objecter que seule l'expérience a permis de savoir ce fait ; certes, mais Kant ne s'intéresse absolument pas à la manière par laquelle j'ai formé mon savoir, il s'intéresse de manière instantanée à ce à quoi je pense lorsque je pense à l'or ; savoir comment s'est formé le contenu de ce concept ne l'intéresse pas, il le prend tout fait et observe comment la pensée se rapporte aux concepts déjà là. L'analyse

Mais peut-on en déduire que par contraste tout jugement synthétique est nécessairement *a posteriori* ? Si tel était le cas, cela signifierait que tout jugement m'apportant une nouvelle connaissance serait issu de l'expérience et que donc l'empirisme aurait

---

brillante de Saul Kripke dans *Naming and Necessity* traduit en français par *La logique des noms propres* nous semble commettre la confusion précédente. Kripke y soutient que des jugements analytiques peuvent être non nécessaires. Quel est par exemple le statut du jugement suivant : « Le mètre étalon mesure un mètre de long » ? Kripke note que « nous pouvons dire de cette barre, comme de n'importe quelle autre de même substance et de même longueur, que, si on lui avait appliqué une certaine quantité de chaleur, sa longueur aurait augmenté » Saul KRIPKE, *La logique des noms propres*, trad. P. Jacob et F. Recanati, Paris, Minuit, 1982, p. 43. Il nous semble que cette objection n'est pas pertinente car elle oublie que le jugement analytique ne prétend jamais parler des choses phénoménales mais uniquement de la représentation conceptuelle que je m'en fais : or, *du point de vue de la représentation intellectuelle que je me fais, il est nécessaire que le mètre étalon mesure un mètre*, de sorte que je considère intellectuellement qu'un mètre étalon changeant de taille n'est tout simplement plus le mètre étalon. La *taille phénoménale* du mètre étalon est donc bien contingente, mais la représentation de l'identité entre mètre étalon et mètre est nécessaire.

entièrement raison en affirmant que seule l'expérience permet d'accroître notre savoir, puisque les jugements analytiques se contentent de *préciser* ce que l'on savait déjà. Reprenons donc notre exemple précédent, celui affirmant que « cette rose est noire » et analysons-le de manière kantienne. Il est clair que l'expérience seule me permet de savoir que *cette rose-ci* est noire et à ce titre le jugement est bel et bien synthétique *a posteriori*. Mais cette connaissance est particulière, elle ne porte que sur une rose parmi une infinité d'autres et ne saurait prétendre à l'universalité ; les jugements analytiques prétendent à l'universalité mais n'apportent aucune connaissance nouvelle. Si donc tous les jugements synthétiques étaient *a posteriori, alors il faudrait en déduire qu'aucune connaissance nouvelle ne pourrait être universelle et que toute nouvelle connaissance serait engluée dans la particularité empirique dont elle provient*. Cette situation correspond très exactement à ce que veut éviter Kant, lequel souhaite assurer la possibilité que des connaissances non analytiques soient malgré tout universelles et nécessaires, c'est-à-dire *a priori*. De là sa célèbre question : « Comment des jugements synthétiques *a priori* sont-ils possibles ? »

2° Les jugements synthétiques *a priori* ou l'origine du sentiment de normalité du monde

Cette seconde sous-partie vise à comprendre un mystère philosophique : pourquoi le cours du monde nous apparaît-il comme normal et cohérent ? Pourquoi n'avons-nous pas quotidiennement affaire à des éléments qui heurteraient notre impression de cohérence et de normalité du monde ? Pour y répondre, il faut approfondir la notion kantienne de jugement. Dans les jugements synthétiques *a posteriori*, le prédicat non contenu dans le sujet est apporté par l'expérience ; dans le jugement synthétique *a priori*, il ne peut pas provenir de l'expérience sous peine de quoi il serait englué dans la particularité ; pour être nécessaire et universel, il ne peut provenir que du sujet, ce qui revient à dire que *le sujet est en mesure d'augmenter par lui-même la connaissance d'un concept sans recourir à l'expérience*.

À quelles conditions une telle thèse est-elle possible ? Une seule convient : *il faut que le sujet dispose de concepts qui sont inscrits en lui, qu'il n'a pas tirés de l'expérience, et qu'il peut ajouter au*

UNITÉ
NÉCESSITÉ
RÉALITÉ
EXISTENCE
TOTALITÉ
CAUSALITÉ

concept auquel il est en train de penser. En d'autres termes, une telle thèse n'est pensable qu'à la condition d'affirmer qu'il existe des concepts *a priori* dont disposerait tout sujet rationnel humain. Or cela tombe bien puisque Kant va justement avoir à cœur de démontrer l'existence de douze concepts *a priori* subdivisés en quatre classes (quantité, qualité, relation, modalité) qu'il nomme « catégories », mot où résonne le terme grec *kategoria* (κατηγορία) signifiant « accuser » et qui doit être ici entendu au sens de « posséder » ou encore « présenter », comme l'on peut dire d'un train qu'il accuse deux heures de retard ou d'un taux de croissance qu'il accuse une forte baisse. Citons à cet effet un important passage de la première Critique :

« La même fonction qui fournit de l'unité aux diverses représentations *dans un jugement* donne aussi à la simple synthèse de diverses représentations *dans une intuition* une unité qui, exprimée de façon générale, s'appelle le concept pur de l'entendement. C'est donc le même entendement, et cela par les mêmes actes grâce auxquels il instaurait dans des concepts, par l'intermédiaire de l'unité analytique, la forme logique d'un jugement, qui introduit aussi dans ses représentations, par l'intermédiaire de l'unité synthétique du divers dans l'intuition en général, un contenu transcendantal : ce pourquoi celles-ci s'appellent concepts purs de l'entendement, lesquels se rapportent *a priori* à des objets – ce que ne peut pas faire la logique générale.

Ainsi se dégage-t-il exactement autant de concepts purs de l'entendement, qui se rapportent *a priori* aux objets de l'intuition en général, qu'il y avait dans la précédente table de fonctions logiques dans tous les jugements possibles. [...]. Nous appellerons ces concepts, après Aristote, *catégories*, puisque notre projet est assurément, quant à son origine, le même que le sien, bien qu'il s'en éloigne très fortement dans la mise en œuvre.[8] »

Kant veut démontrer que l'entendement est tout à la fois une force créatrice de concepts, c'est-à-dire

---

8. Emmanuel Kant, *Critique de la raison pure*, AK III, 92 ; AK IV, 65 ; A 79/B 104-105, GF, p. 162-163.

de représentations générales et intellectuelles utilisables dans une multitude de circonstances, et *en même temps* une force de jugement par laquelle des concepts sont rapportés les uns aux autres. Mais si l'entendement est à la fois producteur de concepts *et* force de jugement, on peut alors en déduire que les concepts *a priori*, c'est-à-dire forgés sans le secours de l'expérience, servent justement à juger, c'est-à-dire à relier des concepts à d'autres concepts. En d'autres termes, *les catégories sont des outils de liaison que l'entendement se donne* a priori *pour penser la relation entre des concepts nés de l'expérience, c'est-à-dire a posteriori*. Puisque la catégorie est l'outil du jugement et puisque l'entendement est derrière la catégorie et le jugement, alors la table des catégories correspond à la table des jugements.

Mais regardons le texte de plus près encore : l'entendement qui produit les catégories introduit un « contenu transcendantal » dans ses représentations par la médiation de l'unité synthétique du divers dans l'intuition. Qu'est-ce à dire ? Le divers dans l'intuition renvoie à la multiplicité phénoménale que

POSSIBILITÉ
...
POSSIBILITÉ
...
POSSIBILITÉ
...
SOMMET :
4 500 metres
?

je reçois dans l'espace et le temps qui sont, rappelons-le, les formes de l'intuition. Néanmoins, je n'ai pas conscience de me rapporter à une infinité de représentations phénoménales mais au contraire à une *unité* qui se présente à moi dans l'intuition ; cela signifie que *la multiplicité phénoménale est toujours déjà unifiée par des concepts qui sont les mêmes pour tous les sujets, et qu'au lieu de percevoir une multiplicité chaotique faite d'impressions désordonnées, je perçois des choses précises me paraissant normales.* Cette unification est l'œuvre de l'entendement et relève du transcendantal en tant qu'elle provient d'une structure immanente du sujet que chacun partage ; en d'autres termes, *l'unité et la cohérence mêmes du monde qui m'apparaît n'appartiennent pas au monde mais à la puissance intellectuelle du sujet qui a pour principale fonction d'unifier le chaos des phénomènes selon des concepts.*

Illustrons cette explication et reprenons l'exemple de « cette rose est noire ». Que puis-je dire de la rose qui en augmenterait ma connaissance, qui ne serait pas déjà contenu dans le concept de départ que je possède de la rose, qui ne proviendrait pas de l'expérience – en l'occurrence visuelle – que j'ai de cette rose, et qui ne dépendrait pas non plus de ma situation empirique particulière ? Je ne peux dire qu'elle est noire puisque la noirceur m'a été donnée par l'expérience ; en revanche, je constate que si je vise cette rose-ci, je vise la couleur d'*une* rose, et d'une seule. Je dispose donc de l'unité. Or, d'où me vient le concept d'unité ? L'unité est un concept *a prior*i que je n'ai pas eu besoin d'apprendre par expérience, et que mon entendement a pu forger par ses forces propres. En d'autres termes, même si personne ne m'avait appris le sens de ce concept, mon entendement serait parvenu à le développer par lui-même au contraire par exemple du concept de « rose » qui est nécessairement appris donc empiriquement acquis. Par conséquent, la catégorie d'unité qui relève de la « quantité » me permet de juger selon la *singularité* : je parle de la couleur de cette rose-ci, et de celle-ci seulement. Par ailleurs, en disant que cette rose est noire, je prétends décrire une réalité ; or la réalité est justement un concept qui, lui aussi, est *a priori* et relève de ce que Kant appelle la « qualité » ; de ce fait, la catégorie de réalité me permet de produire un jugement *affirmatif* : j'affirme de cette rose-ci qu'elle est noire. La noirceur quant à elle désigne un élément contingent de la rose, puisque je peux concevoir des roses rouges, jaunes ou blanches ; de ce fait, la noirceur est un *accident* de cette rose, une propriété contingente, l'accident relevant de la « relation » et me permettant de juger de manière catégorique. Enfin, en disant cela de la rose, je considère que cette rose noire existe, l'existence étant elle aussi une catégorie relevant de la modalité me permettant de produire un jugement assertorique.

Résumons : que la rose *soit noire* relève bel et bien d'une connaissance obtenue par expérience. Mais avant même que je ne sollicite l'expérience, j'ai en réalité conceptualisé l'objet qui m'apparaît, et cette conceptualisation m'a permis de ramener à l'unité des concepts la diversité phénoménale : je sais en effet déjà que j'ai affaire à un objet *unique* (quantité), possédant *réellement* une propriété (qualité), propriété qui est ici un *accident* (relation)

caractérisant un objet *existant* (modalité). Ces quatre concepts que tout sujet rationnel possède pour peu que son entendement les ait forgés permettent de juger selon la singularité, l'affirmation, le catégorique et l'assertorique. Et puisque ces concepts sont inscrits en tout sujet, alors tout sujet produirait dans ma situation les mêmes jugements, raison pour laquelle cet objet unique et existant (l'expérience m'apprendra qu'il s'agit d'une rose) possédant réellement une propriété accidentelle (l'expérience m'apprendra qu'il s'agit de la noirceur) constitue le « contenu transcendantal » de mon intuition, ce qui revient à dire que *ce qui m'apparaît dans les formes spatio-temporelles est toujours déjà unifié par l'activité conceptuelle de mon entendement qui donne ainsi sens et cohérence à la multiplicité des phénomènes*. Je ne perçois pas un chaos fait d'une infinité de phénomènes désordonnés ; je perçois le produit de mon interprétation conceptuelle des phénomènes, de leur mise en ordre intellectuelle par mon entendement.

Comment faut-il alors comprendre le rapport entre jugement synthétique *a priori* et jugement synthétique *a posteriori* ? Les jugements synthétiques *a priori découpent le monde phénoménal en éléments cohérents et continus, ce qui revient à dire que si les phénomènes m'apparaissent de manière passive, ils n'en apparaissent pas moins comme déjà organisés en vertu de l'activité de l'entendement qui les ordonne selon les catégories. Cela ne signifie en rien que je modifie quoi que ce soit dans la matière du réel*, mais cela signifie bien plutôt que *j'interprète selon les concepts dont je dispose a priori le sens de ce qui m'apparaît*. Puisque les phénomènes *m'*apparaissent comme étant déjà organisés par l'activité de l'entendement, je n'ai plus qu'à piocher dans l'expérience les éléments manquants me permettant d'accroître le sens d'une situation particulière donnée. Dans l'exemple analysé, seule l'expérience me dira que la propriété accidentelle de l'objet unique est la noirceur, mais l'objet me sera déjà apparu comme unique, *ce qui ne signifie pas qu'il est unique en soi mais que j'ai pu appliquer mon concept* a priori *d'unité pour former un jugement singulier et viser cette rose-ci qui m'apparaît comme unique*. Ainsi, et c'est là la signification profonde du transcendantal, *la* *cohérence du monde ainsi que son sens ne sont jamais le sens ni la cohérence intrinsèque du monde mais toujours ceux que je lui injecte en vertu des catégories.* Tel est le sens de ce que Kant appelle la « révolution copernicienne » et qu'il résume selon une célèbre formule : « Nous ne connaissons *a priori* des choses que ce que nous y mettons nous-mêmes.[9] » En somme, tout ce que je peux dire du monde *indépendamment de l'expérience que j'en fais* provient de mes catégories, et ce sont elles qui vont me permettre de me représenter le monde comme cohérent et continu. Nous pouvons en conclure que *dès qu'il y a jugement, il y a jugement synthétique* a priori, car il est ce par quoi je structure le sens nécessaire et universel de mes représentations ; viennent ensuite se greffer sur ce squelette transcendantal des ajouts empiriques – *a posteriori* – ou des explicitations de concepts – jugements analytiques.

La question de départ portait sur le sentiment de normalité : nous comprenons maintenant que si le

---

9. *Ibid.*, AK III, 13 ; B XVIII, GF, p. 79.

UNE
LICORNE
!

monde phénoménal nous apparaît comme normal, ce n'est pas parce qu'il contient *en soi* un fonctionnement normal mais tout simplement parce que ce que nous en percevons est une interprétation relative à nos propres concepts qui définissent précisément *pour nous* ce qu'est la normalité. Nous appliquons en d'autres termes nos catégories aux phénomènes, et *nous percevons une telle application des catégories aux phénomènes, ce qui nous donne l'impression que tout ce qui est perçu est cohérent et normal puisque le fonctionnement de notre propre entendement définit pour nous la normalité*. En somme, et tel est selon nous le sens fondamental du jugement synthétique *a priori*, avant même que nous ne fassions l'expérience du monde, *nous anticipons logiquement les formes possibles que peut prendre le monde* : tel élément peut nous apparaître comme réel (la table) ou comme irréel (la licorne), tel élément peut nous sembler unique (cette rose-ci), multiple (les citoyens ayant voté pour Nicolas Sarkozy) ou totalisant (la totalité des étudiants de l'amphithéâtre), tel autre sera une cause, tel autre un effet, etc. Bref, je sais, avant même que le monde m'apparaisse, comment je vais pouvoir le penser et le structurer intellectuellement parlant ; ainsi, *ce qui m'apparaît du monde est cette anticipation de ce dernier à l'aide de mes catégories sous la forme de jugements synthétiques* a priori, ce qui revient à dire que *je ne peux pas percevoir le monde autrement que par ces catégories, et ce, non parce que le monde est réellement structuré comme cela, mais parce que je suis doté de cet appareillage conceptuel-là et que c'est là la seule chose dont je dispose pour donner un sens au monde.*

3° Le problème de la causalité

Parmi les catégories, il en est une à laquelle Kant est particulièrement attentif car son existence engage la possibilité de la science en son entier, à savoir celle de la causalité se développant en cause et en effet. Pour que la science ait du sens pour nous, sujets humains, il est indispensable que nous puissions conceptualiser les phénomènes selon des rapports de causalité où telle cause entraîne *nécessairement* tel effet, ce qui constitue la condition pour que la physique par exemple puisse être prédictive : en connaissant l'état du monde à un moment donné, si cet état est causal, il causera nécessairement certains effets qui peuvent donc être prédits.

Or, en 1740, un philosophe écossais, David Hume (1711-1776), avait défendu une thèse révolutionnaire voulant que la causalité ne fût pas inscrite dans la réalité en soi mais ne fût qu'une croyance de l'esprit portant sur le monde à la suite d'une interprétation erronée de l'expérience par ce même esprit.

« Puisque ce n'est pas de la connaissance ni d'aucun raisonnement scientifique que nous tirons l'opinion qu'une cause est nécessaire pour toute production nouvelle, cette opinion doit nécessairement provenir de l'observation et de l'expérience. Dès lors, la question suivante doit être, naturellement : *comment l'expérience engendre-t-elle un tel principe* ? Mais, comme je trouve qu'il sera plus commode de fondre cette question dans la suivante : *pourquoi concluons-nous que telles causes particulières doivent nécessairement avoir tels effets particuliers, et pourquoi formons-nous une inférence des unes aux autres* ?

Nous ferons de celle-ci le sujet de notre recherche à venir.[10] »

Il faut être ici attentif au détail du texte et percevoir que Hume ne conteste pas tant l'idée de cause et d'effet que celle de *nécessité* reliant la cause à l'effet. Le « principe » dont il parle ne porte donc pas sur la possibilité d'interpréter les enchaînements du monde en termes causaux mais sur celle de considérer que l'effet découle *nécessairement* de la cause, si bien que son interrogation porte sur la provenance de la croyance en la nécessité de la liaison : d'où vient le fait que nous croyons que tel effet succède *nécessairement* à telle cause ?

« C'est donc par l'expérience seulement que nous pouvons inférer l'existence d'un objet de celle d'un autre. La nature de l'expérience est la suivante. Nous nous souvenons d'avoir eu des exemples fréquents de l'existence d'une espèce d'objets ; et nous nous

10. David Hume, *Traité de la nature humaine,* Livre I, trad. Philippe Baranger et Philippe Saltel, Paris, GF, 1995, p. 143.

souvenons aussi que des objets individuels d'une autre espèce les ont toujours accompagnés et ont existé suivant un ordre régulier de contiguïté et de succession par rapport à eux. Ainsi, nous nous souvenons d'avoir vu cette espèce d'objets que nous appelons *flamme* et d'avoir éprouvé cette espèce de sensation que nous nommons *chaleur*. Nous rappelons pareillement à l'esprit leur conjonction constante dans tous les cas passés. Sans autre cérémonie, nous nommons l'un *cause* et l'autre *effet*, et de l'existence de l'un, nous inférons celle de l'autre. Dans tous les cas qui nous enseignent la conjonction de causes et d'effets particuliers, la cause et l'effet ont été tous les deux perçus par les sens, et l'on se souvient de tous deux ; mais dans les cas où nous raisonnons à leur sujet, il n'y en a qu'un seul des deux qui soit perçu ou rappelé, l'autre étant ajouté en conformité avec notre expérience passée. [...] Il apparaît donc que le passage d'une impression, présente à la mémoire ou aux sens, à l'idée d'un objet que nous nommons cause ou effet, se fonde sur l'*expérience* passée et sur notre souvenir de leur *conjonction constante*.[11] »

11. *Ibid.*, p. 149-151.

Hume, en bon empiriste anglo-saxon, est absolument convaincu que la croyance dans la nécessité reliant la cause à l'effet ne peut provenir que de l'expérience ; mais l'expérience nous délivre-t-elle une connaissance certaine quant à la nécessité ? Absolument pas : le sujet observe une régularité dans les conjonctions, c'est-à-dire qu'il constate sur un petit nombre de fois que tel effet a *régulièrement* succédé à telle cause, et il a interprété cette *régularité* comme étant une *nécessité universelle* ; en d'autres termes, il a produit l'induction suivante : au motif que j'ai observé un certain nombre de fois une régularité dans la succession d'une cause donnée et d'un effet donné, j'en ai induit que l'effet *devait nécessairement et universellement* succéder à la cause donnée ; au motif que j'ai observé empiriquement un certain nombre de fois que la flamme émettait de la chaleur, j'en ai induit que la flamme était la cause *nécessaire* de la chaleur et que la chaleur était l'effet *nécessaire* de la flamme ; là s'effectue le passage indu de l'observation d'une régularité empirique à l'affirmation d'une succession jugée nécessairement et universellement vraie. L'enjeu de cette critique humienne est considérable : si la croyance dans la nécessité causale est un pur produit de l'expérience interprétée de manière erronée, alors *la science n'est plus possible puisque plus aucun raisonnement fondé sur la nécessité n'est légitime*.

Quel serait alors le moyen de sauver la science ou, plus modestement, de sauver la possibilité de raisonner selon des relations causales qui fussent nécessaires ? Il suffit – si l'on ose dire – de démontrer que la conception que l'on a de la causalité ne provient pas de l'expérience mais est inscrite *a priori* dans le sujet, et que lorsqu'il s'en sert pour exprimer la nécessité, il ne procède nullement à une induction indue mais utilise au contraire une conceptualité à laquelle il ne peut pas ne pas adjoindre la notion de nécessité. Tel est précisément le projet de Kant dans sa réaction contre Hume :

« David Hume, qui est, parmi tous les philosophes, celui qui s'est encore approché le plus de ce problème, sans toutefois, tant s'en faut, le penser de façon suffisamment déterminée et dans sa généralité, mais en en restant uniquement à la proposition synthétique de la liaison de l'effet avec ses causes (*Principium causalitatis*) crut pouvoir en retirer qu'un tel principe *a priori* est tout à fait impossible, et, à suivre ses raisonnements, tout ce que nous nommons métaphysique aboutirait à une simple illusion d'une prétendue intelligence rationnelle de ce qui, en fait, est seulement emprunté à l'expérience et a pris, par habitude, l'apparence de la nécessité : dans une telle affirmation, qui détruit toute philosophie pure, il ne serait jamais tombé s'il avait eu devant les yeux notre problème dans sa généralité, étant donné qu'alors il aurait aperçu que, selon son argument, il ne pourrait pas non plus y avoir de mathématique pure, dans la mesure où celle-ci contient assurément des propositions synthétiques *a priori* – affirmation dont son bon sens l'aurait alors, sans nul doute, préservé.[12] »

Kant, contrairement aux apparences, n'est pas entièrement hostile à la thèse de Hume ; il est au

12. Emmanuel Kant, *Critique de la raison pure*, AK III, 39-40 ; B 19-20, GF, p. 107.

moins un point sur lequel ils s'accordent, c'est celui de la dimension exclusivement conceptuelle de la cause et de l'effet. Ils affirment tous deux que *la cause et l'effet n'existent pas en soi mais sont des outils conceptuels relatifs à l'esprit humain permettant d'interpréter la succession des phénomènes*. La question de leur divergence porte alors non pas sur la réalité en soi de la causalité mais sur la *légitimité d'accorder foi à cette conceptualité* : là où Hume considère que la croyance dans la nécessité causale procède d'une injustifiable induction, Kant tente d'établir au contraire que si la nécessité causale est un concept *a priori*, donc produit par l'entendement humain, alors *tout sujet humain dispose de cette conceptualité et ne peut pas penser autrement que selon une telle conceptualité*. De là la thèse audacieuse de Kant : il accorde à Hume qu'en soi il n'y a peut-être ni cause, ni effet, ni nécessité ; mais il déporte le problème sur *ce que peut penser le sujet humain* et se demande si l'homme pourrait penser autrement qu'à l'aide de la nécessité causale ; puisque la causalité est un concept *a priori*, c'est-à-dire une catégorie, l'homme ne pourrait pas penser autrement qu'en interprétant la succession phénoménale régulière selon la nécessité causale, cette impossibilité ne provenant pas d'une erreur de raisonnement inductif, mais au contraire de la structure transcendantale même du sujet, c'est-à-dire de son appareillage conceptuel *a priori*. En somme, je ne sais pas si le réel fonctionne dans l'absolu selon la nécessité causale, mais je sais que j'*ai raison* d'interpréter les successions phénoménales régulières selon la nécessité causale car la causalité est une catégorie dont dispose tout sujet humain et par laquelle il constitue le sens de l'expérience.

Concluons : fidèle à son affirmation voulant que la chose en soi soit inconnaissable, Kant renonce à savoir si la nécessité causale présente un sens en soi ; il se contente de montrer – ce qui est déjà beaucoup – qu'il est *légitime* de raisonner selon la nécessité causale au motif que la causalité comme suscitant *nécessairement* des effets n'est pas une *croyance* issue d'une interprétation inductive de l'expérience, mais une catégorie inscrite en tout sujet, indépendante de l'expérience, et contribuant à constituer le sens de l'expérience. Par cette catégorie appartenant à la classe des relations, le sujet peut former des jugements *hypothétiques* où *si* la cause est donnée, l'effet l'est également nécessairement.

4° Le schématisme transcendantal

Mais il reste une difficulté, et pas des moindres. Nous avons vu dans la première sous-partie que la sensibilité inscrite dans le sujet, formée de l'espace et du temps, nous donnait des phénomènes. Puis nous avons étudié la manière dont l'entendement, en vertu de sa force créatrice de concepts – ce que Kant nomme sa « spontanéité » –, formait des concepts, soit par sa force seule dans le cas des catégories, soit avec le secours de l'expérience dans le cas des concepts empiriques. Et nous avons expliqué qu'aux yeux de Kant l'entendement ramenait l'infinie diversité des phénomènes à l'unité en découpant des objets dans les apparitions phénoménales, ce qui permettait au sujet d'intuitionner un monde *toujours déjà organisé par l'entendement*, c'est-à-dire une diversité phénoménale ayant un sens jugé cohérent, bref, un contenu transcendantal.

Mais apparaît une redoutable difficulté : *comment l'entendement sait-il quel concept il doit appliquer à cette infinie variété de phénomènes qui apparaissent au sujet* ? Comment puis-je savoir que cette infinité d'impressions phénoménales est une assiette[13] ? Comment puis-je ne serait-ce que ramener la multiplicité des impressions à une identité précise ? Pourquoi suis-je capable de découper ce livre de ce bureau, et ce bureau de cette lampe ?

Et, plus fondamentalement encore, comment puis-je appliquer mes catégories à l'expérience phénoménale ? Qu'est-ce qui justifie ce découpage

---

13. Il s'agit de l'exemple de Kant lui-même : « Dans toutes les subsomptions d'un objet sous un concept, la représentation du premier doit être *homogène* à la seconde, c'est-à-dire que le concept doit contenir ce qui est représenté dans l'objet à subsumer sous lui – car tel est ce que signifie précisément l'expression : un objet est contenu *sous* un concept. Ainsi le concept empirique d'une *assiette* a-t-il une dimension d'homogénéité avec le concept géométrique pur d'un *cercle*, en tant que la forme ronde qui est pensée dans le premier se peut intuitionner dans la seconde représentation » Emmanuel KANT, *Critique de la raison pure*, AK III, 133-134, IV, 99 ; A 137/B 176, GF, p. 224.

conceptuel au cœur de l'apparition phénoménale ? La question est redoutable car *la sensibilité spatio-temporelle et la spontanéité de l'entendement ne se croisent jamais* : la première conditionne la réception des phénomènes et ne conceptualise rien ; la seconde est purement conceptuelle et n'a strictement rien de sensible, si bien que l'on *ne comprend pas comment le sensible et le conceptuel peuvent se rejoindre*, donc comment les concepts peuvent tout simplement s'*appliquer* à l'expérience phénoménale[14].

Une fois encore, puisque l'on évolue dans un cadre transcendantal, la solution de ce problème ne peut être qu'interne au sujet ; il faut que ce dernier fournisse comme un pont – à défaut d'une convergence – entre sensibilité et conceptualité permettant de relier ce qui est intuitionné – les phénomènes – à ce qui est conceptualisé, ce sans quoi nous ne comprendrions absolument pas

---

14. Ce parallélisme prend l'exact contre-pied de la pensée de Leibniz pour laquelle de la sensibilité à l'intellect il y a continuité et donc seulement différence de clarté et de distinction, et non différence de niveau de réalité.

comment s'effectue le choix rationnel des concepts en fonction des phénomènes intuitionnés. La seule solution logique – qui sera celle de Kant – est de considérer qu'il existe une faculté du sujet permettant de donner une apparence phénoménale générale à mon appareillage conceptuel, donc que je puis me représenter *phénoménalement* un concept abstrait de sorte que je puisse *intuitionner* les catégories comme les concepts en général sous une apparence phénoménale en contournant l'hétérogénéité radicale de la sensibilité et de la spontanéité de l'entendement.

Kant va solliciter l'imagination pour résoudre cette difficulté ; non pas l'imagination empirique par laquelle je reproduis en image ce que j'ai déjà intuitionné, mais l'imagination « transcendantale » qui est *a priori* et qui rend donc possible la *formation* d'images *indépendamment* de l'expérience vécue, ce qui revient à dire que *l'imagination transcendantale permet au sujet de se figurer phénoménalement des concepts indépendamment de tout apprentissage et indépendamment de tout cadre empirique*.

Traitons d'abord le problème des catégories : l'imagination transcendantale constitue une sorte de faculté *intermédiaire* entre la sensibilité et la spontanéité de l'entendement en tant qu'elle rend possible l'apparition dans le temps, *et dans le temps seulement*, la figuration des catégories ; pour le dire autrement, elle temporalise les catégories en ceci qu'elle permet à celles-ci de revêtir une certaine allure ou une certaine figure mentale – volontairement, nous ne parlons pas d'image – que le sujet se représente dans l'intuition pure *a priori* qu'est le temps, sans que cette allure ou cette figure n'apparaisse évidemment dans l'espace.

« Le concept de l'entendement contient l'unité synthétique pure du divers en général. Le temps, comme condition formelle du divers du sens interne, donc de la liaison de toutes les représentations, contient un divers *a priori* dans l'intuition pure. Or, une détermination transcendantale du temps est homogène à la *catégorie* (qui en constitue l'unité), en ce qu'elle est *universelle* et repose sur une règle *a priori*. Mais elle est, d'un autre côté, homogène au *phénomène*, en ceci que le *temps* se trouve contenu dans toute représentation empirique du divers. Par conséquent, une application de la catégorie à des phénomènes sera possible par l'intermédiaire de la détermination transcendantale du temps qui, comme schème des concepts de l'entendement, médiatise la subsomption des phénomènes sous la catégorie.[15] »

Prêtons attention à chacun des mots de cette citation. Le concept contient l'unité synthétique *pure* du divers ; pur, cela a déjà été dit, désigne l'absence de toute trace matérielle. Kant se situe donc ici non pas au niveau de l'application effective du concept au phénomène mais au niveau de sa seule possibilité : pris pour lui-même, indépendamment de toute matérialité, le concept permet de ramener le multiple à l'unité en vertu des synthèses. De son côté, le temps pris de manière pure, donc indépendamment de tout phénomène matériel, est ce en quoi peut apparaître la multiplicité des phénomènes, c'est-à-dire ce

15. *Ibid.*, AK III, 134-135 ; IV, 99-100 ; A 138-139/B 177-178, GF, p. 225.

que Kant appelle la diversité. Tout le propos de ce dernier est alors de *déterminer ce qui peut être relié entre le concept pris en sa pureté et le temps pris lui aussi en sa pureté, donc pris indépendamment de tout rapport effectif à la matérialité phénoménale*. Trois liens apparaissent alors évidents : 1) il est possible de penser le temps et le concept dans leur pureté ; par conséquent, on va rechercher un lien qui soit lui aussi pur ; 2) le temps en sa pureté est *a priori* et universel, tout comme le sont les catégories ; 3) le temps est présent derrière tous les phénomènes comme condition transcendantale de leur apparition. Que peut-on dès lors en conclure ? Le seul pont possible reliant ces deux éléments parallèles que sont la sensibilité et la spontanéité de l'entendement doit passer par le temps car il est le seul à être aussi bien en relation avec *tous* les phénomènes – il conditionne la possibilité de leur apparition – et les catégories, et, comme elles, il est *a priori*, nécessaire et universel.

Néanmoins, si le lien doit passer par le temps, il ne peut être le temps lui-même puisque le temps est l'un des deux aspects de la sensibilité et que s'il présente des *caractéristiques communes* avec la conceptualité, il ne la rejoint pourtant pas. C'est la raison pour laquelle le pont est constitué par une troisième faculté, l'imagination transcendantale, qui fournit des « schèmes », c'est-à-dire des éléments qui seront homogènes au temps et aux concepts en vertu de leurs caractéristiques communes. Issu du latin *schōma* qui renvoie à une attitude ou encore à la notion de figure bien plus qu'à celle d'image, le schème est un *outil* permettant non pas d'*imaginer* mais de *schématiser*, c'est-à-dire de se représenter un moyen de construction d'un concept dans la sensibilité temporelle. Il est « une règle qui sert à déterminer notre intuition conformément à un certain concept général »[16]. Nous comprenons donc que la catégorie peut être schématisée, c'est-à-dire *construite dans l'intuition* qui se réduit ici au temps ; à cet effet, le schème de toute catégorie consiste à présenter dans le temps un moyen spécifique, *déterminé,* de présentation temporelle de celle-ci, sans

16. *Ibid.*, AK III, 36 ; IV, 101 ; A 141/B 180, GF, p. 226.

que cette présentation temporelle déterminée ne soit tirée de l'expérience. Nous en concluons donc que la schématisation de toute catégorie est une « détermination transcendantale du temps » puisqu'elle revient à donner un sens temporel à un concept, et ce grâce à l'imagination transcendantale.

Prenons un exemple et demandons-nous ce qu'est le schème de la causalité (relevant de la relation) : cela revient à se demander non pas quelle représentation intellectuelle je me fais de la causalité ou quelle définition je puis en donner mais bien plutôt de quelle manière ma pensée peut se représenter de manière sensible un tel concept ; force est de constater que si je pense à la causalité, je pense à une ligne reliant le déterminant – la cause – au déterminé – l'effet –, ce qui me permet de me représenter le temps non plus comme un réceptacle de phénomènes – cela est la tâche de l'esthétique transcendantale –, mais au contraire comme une ligne figurable au sein de laquelle les événements sont *reliés* les uns aux autres malgré leur différence et leur hétérogénéité. En d'autres termes, le schème de la causalité me permet de penser la succession temporelle selon une règle de détermination. De la même manière, supposons que je veuille schématiser la catégorie de substance (relevant aussi de la relation), alors je me la représenterai toujours selon le temps mais cette fois selon la permanence. Je schématise la substance comme étant ce qui est temporellement permanent. Enfin, si j'ai besoin de schématiser la réalité (catégorie relevant de la qualité), je me représente ce qui m'apparaît dans le temps du point de vue sensible : en d'autres termes, pour le sujet, la réalité peut être schématisée comme ce qu'il sent et ressent dans le temps. Et ainsi de suite.

Il serait néanmoins erroné d'en déduire que seules les catégories doivent être schématisées ; comme nous le signalions plus haut, *tout concept* doit faire l'objet d'une schématisation, c'est-à-dire doit apparaître sous une forme intuitive donc sensible auprès du sujet ; les catégories doivent donc être schématisées, mais tous les concepts *a posteriori*, empiriques, doivent également l'être. Pour illustrer cela, Kant mobilise l'exemple du chien : « Le concept de chien signifie

CAUSE :
TEMPS
EFFET :

une règle d'après laquelle mon imagination peut tracer dans sa dimension de généralité la figure d'un quadrupède, sans être limitée à quelque figure particulière que m'offre l'expérience ou encore à quelque image possible que je puisse présenter *in concreto*.[17] » Ce que Kant veut dire est assez clair : nous croisons dans l'expérience des chiens singuliers, mais schématiser le concept de chien ne signifie en aucun cas former la représentation mentale d'un chien singulier ; c'est au contraire en proposer un schéma par lequel une forme spatiale réduite à ses caractéristiques minimales apparaît mentalement. Partant, dans le cas des concepts empiriques, nous parvenons à nous figurer *spatialement* une sorte de *type* à partir d'un concept – le schème de l'assiette, du chien, du triangle, etc., sollicite l'espace –, mais cette schématisation est suffisamment générale et épurée pour ne posséder aucun trait particulier d'un triangle, d'une assiette ou d'un chien particuliers. Le schème de l'assiette n'est donc pas l'image mentale particulière de l'assiette

17. *Ibid.*, AK III, 136 ; AK IV, 101 ; A 141/B 180, GF, p. 226.

mais plutôt un type général, un squelette minimal et phénoménalisé du concept général d'assiette. *Même dans le cas des concepts empiriques, le schème de ces derniers ne saurait être confondu avec une image empirique particulière de l'objet.*

Cette question du schématisme transcendantal a fait l'objet de nombreux commentaires contradictoires[18], d'abord parce que le passage n'est pas le plus clair de la *Critique de la raison pure*, ensuite parce

---

18. Nous renvoyons le lecteur à certains classiques : tout d'abord le débat entre Martin Heidegger et Ernst Cassirer autour du rôle de l'imagination transcendantale, cf. Martin HEIDEGGER, *Kant et le problème de la métaphysique*, trad. Walter Biemel et Alphonse de Waelhens, Paris, Gallimard, coll. « Tel », 1981 ; Ernst CASSIRER, Martin HEIDEGGER, *Débat sur le kantisme et la philosophie*, trad. Pierre Aubenque, Paris, Beauchesne, 1972. Une contestation factuelle et très argumentée de l'interprétation de Heidegger se trouve chez Alexis PHILONENKO, *L'œuvre de Kant. La philosophie critique*, §§ 12 et 13, Paris, Vrin, 1975 et Alain RENAUT, *Kant aujourd'hui*, chapitre V, « Le sujet pratique », Paris, Flammarion, coll. « Champs », 1999. Sur la difficulté de comprendre comment les concepts s'appliquent aux phénomènes singuliers, cf. Umberto ECO, *Kant et l'ornithorynque*, trad. Julien Gayrard, Paris, LGF, 2001, notamment le chap. II.

L'intuition
parcourt
les données
sensibles
...
...
et elle les
rassemble.
L'IMAGINATION
reproduit ces
éléments et
fournit un
SCHEME
qui permet
d'appliquer les
CATEGORIES
aux
données
sensibles
1
2
3
SUBSTANCE
TOTALITE
REALITE

que l'application *concrète* des concepts aux phénomènes reçus du monde n'est pas réellement décrite ; même dans le cas aussi basique du chien, il n'est pas certain que Kant soit en mesure d'expliquer comment, d'un schème du quadrupède en général représenté temporellement, on en est en mesure d'identifier cet objet-ci comme étant un chien – pourquoi n'est-il pas un chat ou un loup ? –, ce qui revient à dire que Kant n'explique pas entièrement comment l'esprit *sait quel concept mobiliser face à tel phénomène précis*. Le plus troublant est que Kant reconnaît cette lacune :

« Ce schématisme de notre entendement relativement aux phénomènes et à leur simple forme est un art caché dans les profondeurs de l'âme humaine, dont nous arracherons toujours difficilement les vrais mécanismes à la nature pour les mettre à découvert devant nos yeux. Au mieux pouvons-nous dire que l'*image* est un produit du pouvoir empirique de l'imagination productive, que le *schème* des concepts sensibles (comme figures dans l'espace) est un produit et pour ainsi dire un monogramme de l'imagination pure *a priori* à l'aide duquel et d'après lequel seulement les images deviennent possibles, mais de telle manière que celles-ci doivent toujours être attachées au concept uniquement par l'intermédiaire du schème vers lequel elles font signe, et cela sans être en elles-mêmes entièrement congruentes avec celui-ci.[19] »

Si Kant n'évoque ici que les concepts sensibles et fait abstraction des catégories, il n'en reconnaît pas moins le mécanisme obscur de schématisation : tout schème provient de l'imagination pure *a priori*, mais l'art de leur formation demeure « caché dans les profondeurs de l'âme humaine », ce qui nous place dans l'étrange situation où nous constatons qu'une schématisation a lieu sans que nous ne comprenions vraiment comment elle a lieu ni même pourquoi elle fonctionne si bien[20].

---

19. *Ibid.*, AK III, 136 ; AK IV, 101 ; A 141-142/B 180-181, GF, p. 226-227.

20. La schématisation est même totalement mystérieuse dans certains cas, comme l'a relevé Umberto Eco : « Que se passe-t-il lorsque l'on doit construire le schème d'un objet encore inconnu ? », cf. Umberto Eco, *op. cit.*, p. 123. Puisque le schème n'est pas empiriquement acquis, comment rendre pensable ce qui est inconnu, c'est-à-dire *tout* puisque tout commence par être inconnu ?

5° En guise de transition : une subjectivité dédoublée

Tout ce que nous avons dit jusqu'à présent suppose qu'il existe une structure commune pour tous les sujets humains qui leur permettent de recevoir le monde sous une forme spatio-temporelle, et de le conceptualiser selon des catégories elles aussi communes, donnant donc un sens commun au monde. Nous comprenons ainsi par ce biais que l'obsession de Kant n'est pas de déterminer la réalité absolue du monde mais *de comprendre pourquoi nous donnons au monde un sens commun*. La réponse à ce mystère réside dans l'existence d'une subjectivité transcendantale qui est universelle et qui anime si l'on peut dire la pensée de chaque sujet. Ainsi, Kant renonce-t-il à la connaissance de l'absolu pour se focaliser sur l'universalité, en tant qu'il lui apparaît indispensable de comprendre comment *tous les sujets* sont en mesure de percevoir le monde de la même manière.

Cela n'exclut absolument pas que les sujets aient des particularités, soient situés dans un temps,

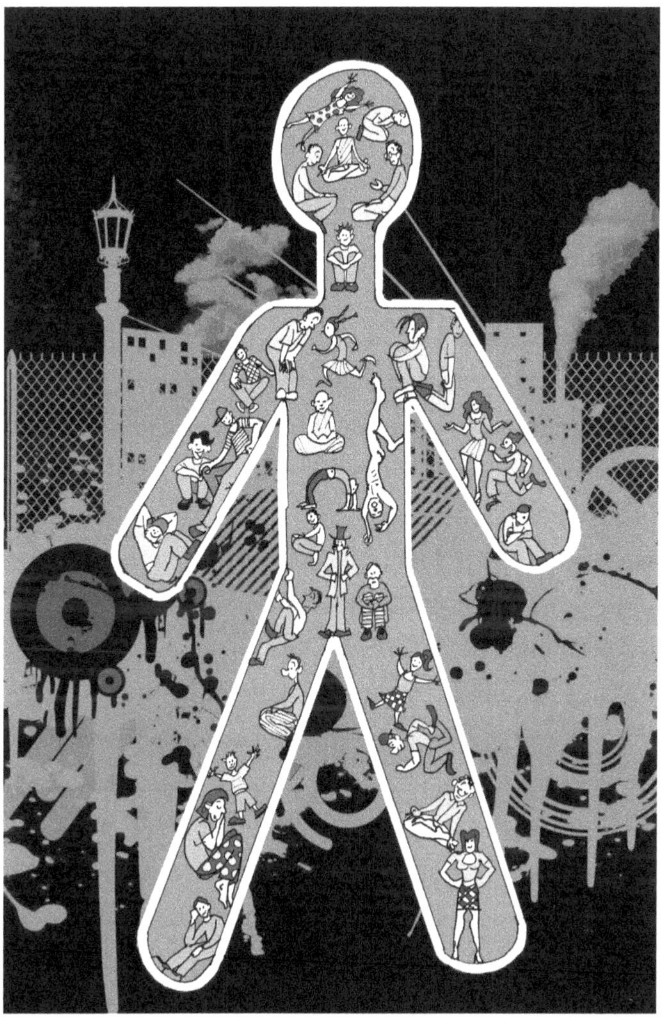

une époque, un héritage, un sexe, etc., et Kant le reconnaît volontiers ; mais il oppose pour cette raison le *sujet empirique* au *sujet transcendantal* comme il oppose le particulier à l'universel. Le sujet empirique est matériel, pris dans un temps donné, un lieu donné, un corps donné et possède des propriétés qui ne valent que pour lui. En revanche, le sujet transcendantal n'est lié à aucune matérialité, et *ne présente strictement aucune particularité : il est l'universalité pure, la structure universelle de tout sujet*, et renvoie à des possibilités que chacun peut accomplir. Ainsi, la *Critique de la raison pure*, dans ce que nous en avons présenté, propose-t-elle une structure transcendantale de la sensibilité où *tout sujet* reçoit les phénomènes dans l'espace et le temps, une structure transcendantale de la conceptualité où *tout sujet* forge douze concepts en vue de synthétiser le monde de la même manière, une structure transcendantale de l'imagination où *tout sujet* parvient à schématiser les catégories de la même manière, autant d'éléments contribuant à comprendre comment le sens que le sujet attribue au monde est commun à tous. Ce n'est donc pas le sujet empirique qui intéresse Kant, sujet empirique dont on ne peut rien dire car il ne peut faire l'objet d'une analyse universelle, mais c'est le sujet transcendantal parce qu'il est la clé du mystère de l'universalité. Que les hommes puissent penser le monde de la même manière, c'est-à-dire qu'ils puissent penser le monde sous forme phénoménale et de manière causale, substantielle, réelle, etc., voilà ce que veut fonder Kant et il y parvient grâce à cette notion de subjectivité transcendantale. Mieux encore : *c'est parce que le sujet transcendantal structure universellement le sens du monde que le sujet empirique peut ensuite y ajouter le sens issu de son expérience particulière, sens qui ne sera pas, lui, universalisable.*

Mais un élément semble résister : la représentation que les hommes se font du bien. Sur ce point, aucun accord universel ne semble possible, aucun *sens universel* du bien ne semble pouvoir émerger. Comment en effet pourrait-on ici faire abstraction de l'influence de notre époque, de nos croyances particulières, de notre religion, de nos climats même pour déterminer un sens universel du Bien ?

Autrement demandé, la morale n'est-elle pas le lieu où se dresse un incontournable obstacle pour la subjectivité transcendantale qui devrait laisser la subjectivité empirique imposer sa propre conception particulière du bien ?

2
Vouloir

Posons le problème de ce deuxième chapitre : Kant est-il en mesure de déterminer le sens universel du bien ? Une détermination transcendantale du bien par laquelle tout sujet pourrait interpréter moralement le monde de la même manière est-elle possible ? Remarquons d'ores et déjà qu'un tel questionnement suppose de renoncer qu'il existe un bien en soi connaissable ; il faut au contraire partir de l'idée selon laquelle nous ne pouvons pas savoir ce qu'est le bien en soi malgré le fait que nous désirions continuer à penser le monde en termes de bien et de mal. Comment donc penser le bien *relativement à la subjectivité transcendantale* ?

1° Que signifie être libre ?

Avant d'examiner la possibilité que la subjectivité transcendantale puisse s'emparer du bien, il nous faut déjà nous assurer que le sujet humain peut être libre afin d'échapper à une nécessité stricte qui réduirait à néant toute possibilité morale. Or les choses se présentent mal car le sujet empirique, qui possède un corps, est soumis à l'enchaînement causal des phénomènes qui le déterminent selon la plus stricte des nécessités. Dit autrement, le sujet empirique subit un déterminisme strict, son corps et sa psychologie obéissant aux lois régulières de la nature et subissant le réseau de causes nécessaires qui lui préexistent et qui lui survivront. Du point de vue du sujet empirique, il n'y a ainsi aucune liberté possible, donc aucune morale possible. La question devient alors la suivante : le sujet – non empirique – est-il en mesure d'échapper à la chaîne causale qui le détermine et abroge sa liberté ?

« [...] j'entends par liberté, au sens cosmologique du terme, le pouvoir d'inaugurer *par soi-même* un état – une liberté dont la causalité n'est donc pas à son tour soumise, selon la loi de la nature, à une autre cause qui la déterminerait suivant le temps. La liberté est en ce sens une pure Idée transcendantale qui, premièrement, ne contient rien qui soit emprunté à l'expérience, et dont, deuxièmement, l'objet ne peut pas non plus être donné d'une façon déterminée dans aucune expérience, parce que c'est une loi universelle, même pour une possibilité d'une quelconque expérience, que tout ce qui arrive, par conséquent aussi la causalité de la cause qui elle-même est intervenue ou a commencé d'être, doive posséder à son tour une cause [...].[21] »

La liberté cosmologique ou transcendantale dont parle Kant désigne une spontanéité absolue : qu'est-ce qu'une spontanéité absolue ? C'est la possibilité de poser une cause indépendante de tout, c'est-à-dire déterminée par rien, indépendante de toute détermination. Pourquoi alors parler de liberté cosmologique ? Pour désigner un rapport

21. Emmanuel Kant, *Critique de la raison pure*, AK III, 363 ; A 533/B 561, GF, p. 495.

entre la liberté et le monde qui serait tel que l'on poserait un commencement causal absolu, c'est-à-dire totalement affranchi de toute détermination du monde. Par ailleurs, Kant introduit la notion d'Idée : cette dernière désigne pour Kant un concept de la raison, et non de l'entendement, dépassant le cadre de l'expérience et qui ne peut donc être appliqué comme tel à l'expérience. Par conséquent, si nous voulons penser la liberté au sens cosmologique ou transcendantal, nous ne pouvons pas la découvrir dans l'expérience, mais nous pouvons néanmoins la penser en tant qu'Idée donnant du sens à la causalité inconditionnée. En d'autres termes, la liberté transcendantale n'est pas une liberté observable dans l'expérience mais une pensée rationnelle permettant de considérer qu'il doit y avoir un commencement absolu, indéterminé, aux chaînes causales déterminées.

Empiriquement parlant, donc, le sujet ne rencontre que des déterminations, corporelles, affectives, sociales, idéologiques, et ne saurait être dit libre ; il faut alors quitter le cadre empirique pour aborder un cadre non expérimentable, celui du monde comme tel : au niveau cosmologique, il est possible de penser par Idées une causalité absolue, non déterminée, indépendante de toute détermination, inaugurant une chaîne causale : telle est l'Idée cosmologique d'une absolue spontanéité. Mais une telle liberté transcendantale, parce qu'elle demeure non expérimentable, doit être reliée à un cadre plus effectif de la pratique humaine ; d'où cette interrogation : que rend possible la liberté transcendantale dans l'action humaine effective ?

« Il est particulièrement remarquable que ce soit sur cette Idée *transcendantale* de la liberté que se fonde le concept pratique de celle-ci, et que ce soit cette idée qui constitue, dans cette liberté, le moment véritable où se nouent les difficultés qui ont entouré depuis toujours la question de sa possibilité. La *liberté entendue au sens pratique* est l'indépendance de l'arbitre vis-à-vis de la *contrainte* exercée par les penchants de la sensibilité. Car un arbitre est *sensible* dans la mesure où il est *affecté pathologiquement* (par les mobiles de la sensibilité) ;

[…]. L'arbitre humain est à vrai dire un *arbitrium sensitivum*, non point *brutum*, mais *liberum*, parce que la sensibilité ne rend pas son action nécessaire, mais que réside dans l'homme un pouvoir de se déterminer par lui-même indépendamment de la contrainte exercée par des penchants sensibles.[22] »

Ce texte nous donne la clé de ce qui sera la moralité kantienne : la liberté transcendantale rendait possible la pensée d'une causalité absolue et spontanée – non déterminée. Au niveau pratique de l'action, cette causalité absolue et spontanée prend un tour négatif : est libre la volonté qui n'est pas déterminée par les penchants sensibles, affectifs et externes au sujet. Plusieurs éléments se jouent dans cette analyse : le premier – le plus délicat – consiste à présupposer que *le sujet diffère de ce qui, en lui, est sensible*. Tout ce qui sera sensible – sensation, envie, affects, etc. – sera considéré comme *autre que le sujet*. Deuxièmement, nous pouvons en déduire

---

22. *Ibid.*, AK III, 363-364 ; A 533-534/B 561-562, GF, p. 496.

que Kant décide ici de considérer comme identiques les termes de « sujet » et « intelligible » ; s'il n'est pas sensible, si ce qui est sensible est extérieur au sujet, alors le sujet sera conçu selon son caractère intelligible, c'est-à-dire sera identifié à sa raison. Ce point est absolument décisif pour comprendre l'ensemble de la moralité kantienne : *le sujet n'est plus envisagé selon la vaste étendue de ses possibilités, mais il est ramené à ce qui, en lui, est purement rationnel.* Et il est libre, concrètement parlant, si et seulement si sa raison est en mesure de constituer un commencement absolu, spontané, résistant aux déterminations extérieures en général, et sensibles en particulier.

La liberté pratique se situe donc dans ce que Kant appelle l'autonomie. Cette dernière doit être entendue au sens grec du terme, c'est-à-dire comme *auto-nomos, nomos* (νόμος) désignant la « loi » et *auto* (αὐτός) « par soi-même » ; l'autonomie désigne ainsi la capacité du sujet à se donner à lui-même et *par lui-même* sa propre loi. Cela sous-entend qu'est libre le sujet qui n'obéit à rien d'extérieur à lui, qui n'obéit donc à rien d'autre qu'à ce qui, *en lui*, est raisonnable : « À l'idée de liberté, écrit Kant, est indissolublement lié le concept de l'*autonomie*, à celui-ci le principe universel de la moralité, qui idéalement sert de fondement à toutes les actions des êtres *raisonnables*, de la même façon que la loi de la nature sert de fondement à tous les phénomènes.[23] »

À l'autonomie s'oppose l'hétéronomie désignant toutes les formes de loi extérieures au sujet[24] ; il faut mesurer les implications d'une telle thèse : puisque seules seront morales les décisions prises de manière *autonome*, alors ne seront pas morales au sens kantien du terme celles obéissant à quelque hétéronomie que ce soit ; or, à cette dernière appartiennent entre autres tous les commandements religieux, toutes les normes

---

23. Emmanuel Kant, *Fondements de la métaphysique des mœurs*, IIIe section, AK IV, 452-453 ; *OP II*, 323.
24. Kant le redit dans la seconde Critique : « L'*autonomie* de la volonté est l'unique principe de toutes les lois morales et des devoirs conformes à ces lois ; au contraire, toute *hétéronomie* de l'« arbitre » non seulement ne fonde aucune obligation, mais s'oppose plutôt au principe de l'obligation et à la moralité de la volonté » Emmanuel Kant, *Critique de la raison pratique*, § 8, théorème IV, AK V, 33 ; *OP II*, 647.

sociales qui, par définition, n'émanent pas de la raison pratique mais de coercitions hétéronomes. En d'autres termes, Kant ne dit strictement rien d'autre qu'au sens propre *les commandements religieux et sociaux ne sauraient être conçus comme moraux* ; cela ne signifie pas qu'ils sont immoraux mais ils sont à tout le moins extérieurs quant à leur source à la liberté pratique par laquelle seule il est légitime de parler de moralité.

2° Qu'est-ce qu'une raison pratique ?

Si le lecteur a suivi les analyses précédentes, il a compris que Kant proposait l'enchaînement suivant : du point de vue empirique, tout est déterminé, il n'y a donc pas de liberté. Il faut donc s'élever au niveau transcendantal et penser le sens d'une liberté ; ce sens apparaît comme celui d'un commencement absolu, spontané, déterminé par rien. Appliqué au niveau pratique du sujet, ce dernier sera libre si et seulement s'il peut n'être déterminé par aucun penchant sensible, affectif, externe à lui, ce qui présuppose que le cœur du sujet est constitué par sa raison et, plus précisément encore, par sa raison *pratique*, pratique désignant tout ce qui est possible par la liberté.

Par ailleurs, Kant introduit la notion d'arbitre, donc de décision volontaire ; toute l'entreprise consiste alors à comprendre comment la volonté à l'origine des décisions peut être déterminée non pas par des penchants affectifs, sensibles, mais par la raison pratique, ce qui revient à se demander comment *la volonté peut être déterminée par le sujet lui-même, et non par des éléments qui lui sont extérieurs*. Kant ne nie évidemment pas que, dans les faits, la volonté soit très souvent déterminée par les affects, la sensibilité, mais il cherche à cerner la possibilité que la volonté puisse l'être *aussi*, dans certains cas, par la raison pratique elle-même en tant qu'elle est inconditionnée, absolue. Telle est la tâche de la seconde Critique, la *Critique de la raison pratique* :

« [...] nous n'aurons pas à élaborer une critique de la raison *pure pratique*, mais seulement de la raison *pratique* en général. Car la raison pure, quand on a démontré qu'elle existe, n'a pas besoin de critique. [...]. La critique de la raison pratique en général a donc pour tâche d'éloigner la raison conditionnée empiriquement de la prétention de vouloir constituer seule et exclusivement le principe déterminant de la volonté. L'usage de la raison pure, quand il est établi qu'elle existe, est seul immanent.[25] »

Quitte à nous répéter, nous insistons sur le fait qu'il s'agit dans cette seconde Critique d'évaluer la possibilité qu'existe une détermination immanente de la volonté du sujet, permettant donc à ce dernier de ne faire appel qu'à sa raison inconditionnée – et non à ses penchants sensibles et affectifs – pour déterminer sa volonté. Mais cela soulève une difficulté philosophique majeure : pourquoi Kant cherche-t-il à expulser de la moralité tout ce qui est affectif et sensible ?

3° L'antihumanisme kantien

Les Lumières au XVIIIe siècle en général et le kantisme en particulier passent pour être des périodes et des pensées humanistes, émancipant

---

25. Emmanuel Kant, *Critique de la raison pratique*, « Introduction », AK V, 15-16, *OP II*, 624.

l'humanité de son joug politique et idéologique en révélant la fière puissance humaine. Kant serait ainsi le fer de lance de l'humanisme moderne, fondant l'universalité du respect des hommes. Or cette image d'Épinal, véhiculée par bien des commentateurs, est extrêmement douteuse pour peu que l'on prenne le soin de lire les textes de près. Le grand historien de la philosophie Rémi Brague n'hésite pas à proposer une formule provocatrice, quoique très juste, sur l'image inversée que nous avons des Lumières : « Les Lumières passent pour avoir été humanistes. En fait, les auteurs qui les représentent expriment souvent envers l'homme une défiance qui frise la misanthropie.[26] » De quelle manière cette misanthropie se manifeste-t-elle chez Kant[27] ?

---

26. Rémi Brague, *Le Règne de l'homme. Genèse et échec du projet moderne*, Paris, Gallimard, coll. « L'esprit de la cité », 2015, p. 195.
27. Une version très développée de cette interprétation se trouve dans Thibaut Gress et Paul Mirault, *La philosophie au risque de l'intelligence extraterrestre*, Paris, Vrin, 2016.

Il ne faut pas hésiter à aller voir les textes de jeunesse de Kant pour prendre la mesure de ce qu'est pour lui un homme, notamment son *Histoire générale de la nature* et sa *Théorie du ciel* publiées en 1755. Très newtoniens dans leur esprit, ces livres de jeunesse présentent l'idée que Kant se fait de l'homme et permettent de comprendre à quel point il appréhende le corps humain comme un élément détestable :

« Si l'on recherche la cause des obstacles qui maintiennent la nature humaine dans un si profond abaissement, on la trouvera dans la grossièreté de la matière en laquelle sa partie spirituelle est plongée, dans l'absence de souplesse des fibres, dans l'inertie et le manque de mobilité des humeurs qui doivent obéir à ses stimulations. Les nerfs et liquides de son cerveau lui livrent seulement des concepts grossiers et indistincts, et parce qu'il ne peut opposer, à l'intérieur de son pouvoir de penser, pour équilibrer l'attrait des impressions sensibles, des représentations suffisamment fortes, il est entraîné par ses passions, il est étourdi et troublé par le tumulte des éléments qui entretiennent sa machine.[28] »

Il est bien ici question de la « nature humaine », donc de l'essence de l'homme ; celle-ci est, selon Kant, plongée dans un « profond abaissement », et cela tient à sa constitution matérielle grossière, pesante, figée ou, à tout le moins, excessivement rigide, autant d'éléments contribuant à rendre ses pensées médiocres, et ses passions toujours plus puissantes. En d'autres termes, la constitution sensible de l'homme contribue à dégrader sa nature, l'homme n'étant somme toute que ce composé de matière pesante rejaillissant sur la puissance effective de sa pensée.

« Cette inertie de sa faculté de penser, qui est une conséquence de la dépendance d'une matière grossière et peu malléable, n'est pas seulement la

---

28. Emmanuel KANT, *Théorie du ciel*, AK I, 356 ; *OP I*, p. 102.

source du vice, mais aussi de l'erreur. Gênée par la difficulté qui est liée à l'effort pour disperser le brouillard des concepts confus et pour séparer des impressions sensibles la connaissance universelle résultant de la comparaison des idées, elle donne plutôt place à un assentiment hâtif, et se contente de la possession d'une perspective qu'elle a à peine aperçue de biais, à cause de l'inertie de sa nature et de la résistance à la matière.[29] »

Il faut donc ici, sous peine de commettre de nombreux contresens, comprendre un élément décisif : dans le domaine pratique, *l'homme n'est pas le sujet, le sujet n'est pas l'homme*. Kant joue sur un terrain où l'ambiguïté est de mise mais où la lecture précise des textes permet de dissiper bien des équivoques. L'être humain est donc, *en tant qu'être humain*, un être grossier, marqué par une constitution matérielle détestable, médiocre, l'incitant à l'erreur et à la faiblesse. Par conséquent – ce point est crucial – *s'il y a une grandeur morale, ce*

29. *Ibid.*, AK I, 357 ; *OP I*, p. 103.

ne sera pas en tant qu'être humain que le sujet pourra l'accomplir. Mais alors, *qui* est le sujet véritable de la liberté pratique et de la morale ? Ce n'est pas tant l'être humain que l'être raisonnable, le sujet doté d'une raison pratique. Allons plus loin encore : il est une infinité d'êtres raisonnables, dont une partie est constituée par l'humanité. L'humanité en tant que telle est médiocre, marquée par sa constitution matérielle ; mais *en tant qu'échantillon des êtres raisonnables*, elle est digne, libre, capable de moralité. Par conséquent, il faut impérativement comprendre que l'homme n'est pas libre et moral *en tant qu'homme* mais il l'est *en tant qu'être raisonnable*.

C'est la raison pour laquelle Kant expulse de la liberté toute détermination pathologique, sensible, matérielle : la constitution matérielle de l'homme, qui contribue à sa nature, est tout à fait *extérieure à l'être raisonnable, au sujet raisonnable* par lequel seul il y a liberté et moralité. En somme, *l'homme dans sa constitution concrète, matérielle, naturelle, est extérieur au sujet réel de la morale, et c'est pourquoi il convient de le neutraliser dans le cadre de la moralité.*

Une telle interprétation suppose, d'une part, que *l'homme ne soit pas le seul habitant raisonnable du cosmos* et, d'autre part, que les autres habitants soient dotés d'une raison pratique. Or c'est là une thèse que défend très explicitement Kant tout au long de son œuvre : non seulement, il y a des habitants peuplant l'Univers qui ne sont pas humains, mais de surcroît la constitution de ces derniers procède d'une matière bien plus subtile, bien plus légère, et donc bien plus propice à l'accomplissement de la liberté et de la moralité :

« Il est donc clair d'après cela, que les facultés de l'âme humaine sont limitées et entravées par les obstacles d'une matière grossière, à laquelle elles sont intimement liées ; mais il y a encore plus remarquable, c'est que cette disposition spécifique de la matière a une relation essentielle au degré du rayonnement avec lequel le Soleil, à la mesure de sa distance, l'anime, et la rend apte aux fonctions de l'économie animale. Cette relation nécessaire au feu qui se répand depuis le centre du système du monde, pour maintenir la matière dans l'état d'activité nécessaire, est *le fondement d'une analogie qui suit de là, entre les divers habitants des planètes* ; et chaque classe d'entre eux est liée, en raison de ce rapport, par nécessité de nature, au lieu qui lui a été assigné dans l'*Univers*.[30] »

On pourrait objecter que cette misanthropie kantienne – incontestable au regard des textes – augmentée de cette analogie avec les « divers habitants des planètes » n'est jamais qu'une errance maladroite de jeunesse qui ne saurait éclairer les textes de la maturité, c'est-à-dire ceux des grandes Critiques. Mais il n'en est rien : dans la Métaphysique des mœurs parue en 1795, soit neuf ans avant sa mort, et après ses trois principales Critiques, Kant persiste et signe dans une approche que nous qualifions volontiers d'antihumaniste ou, à tout le moins, de défiance fondamentale et structurelle envers la *nature humaine* :

30. *Ibid.*, AK I, 357-358 ; *OP I*, 103-104. Nous soulignons.

« Dans le système de la nature, l'homme (*homo phaenomenon, animal rationale*) est un être de médiocre importance et il a en commun avec les autres animaux, en tant que produits de la terre, une valeur vulgaire (*pretium vulgare*). Le fait qu'il ait un entendement qui l'élève au-dessus d'eux et qu'il puisse se fixer à lui-même des fins, même cela ne lui confère qu'une valeur extrinsèque d'utilité (*pretium usus*), à savoir la valeur par laquelle un homme l'emporte sur un autre [...].[31] »

4° Qui sont les « êtres raisonnables » ?

Une des difficultés liées à la lecture de la philosophie morale de Kant tient au fait que l'on associe, sans jamais le justifier, les hommes aux êtres raisonnables. Cela va pourtant à l'encontre de *tous les textes kantiens* qui défendent non pas un rapport d'identité mais un rapport d'inclusion : *les êtres humains ne sont qu'un échantillon des êtres raisonnables, et non leur synonyme*. Cette fausse identité permet de défendre la fable d'un

---

31. Emmanuel KANT, *Métaphysique des mœurs*, « Doctrine de la vertu », § 11, AK VI, 434 ; *OP III*, 722.

Kant humaniste qui poserait que les hommes sont moraux et libres *en tant qu'hommes*, alors qu'ils ne le sont qu'en tant *qu'êtres raisonnables*, dissociation qui n'est possible qu'à la condition d'accepter que l'essence humaine ne se ramène pas à son être raisonnable, ce que font pourtant croire les commentateurs partisans du prétendu « humanisme kantien ». Cela se prouve en deux temps, le premier cherchant à établir que Kant a *toujours* considéré que l'univers était peuplé d'autres êtres intelligents, le second en montrant qu'aux yeux de Kant ces autres peuples intelligents sont des êtres raisonnables au sens pratique du terme dont l'extension est bien plus vaste que la seule humanité.

Dès la *Théorie du ciel*, Kant considère qu'il serait irrationnel de nier l'existence d'autres habitants peuplant l'Univers : « Je suis d'avis qu'il n'est pas nécessaire d'affirmer que toutes les planètes doivent être habitées ; ce serait pourtant une absurdité que de le nier à propos de toutes, ou bien seulement de la plupart.[32] » Mais loin de n'être qu'une « errance » de jeunesse, Kant reprend

32. Emmanuel Kant, *Théorie du ciel*, AK I, 352 ; *OP I*, 97.

Du Sollst !
KANT
Critique
de la
Raison
ratique

cette idée dans la *Critique de la raison pure* ; certes, il ne peut en avoir de preuves, mais il affirme la très haute probabilité de l'existence d'autres êtres pour laquelle il se dit prêt à parier toute sa fortune :

« S'il était possible de décider de la chose par quelque expérience, je parierais volontiers tous mes biens qu'il y a des habitants au moins dans quelqu'une des planètes que nous voyons [*daß es wenigstens in irgendeinem von den Planeten, die wir sehen, Einwohner gebe*]. Ce pourquoi je dis que ce n'est pas simplement une opinion, mais une forte croyance [*bloß Meinung, sondern ein starker Glaube*] (sur la justesse de laquelle je risquerais d'ores et déjà beaucoup d'avantages de la vie), qui me fait penser qu'il y a aussi des habitants dans d'autres mondes [*Bewohner anderer Welten*].[33] »

La distinction que propose Kant entre opinion et croyance n'est pas inintéressante ; dire qu'il y a

33. Emmanuel Kant, *Critique de la raison pure*, AK III, 534-535 ; A 825/B 853, GF, p. 670 ; *OP I*, 1380.

d'autres habitants que les hommes dans l'Univers n'est pas un simple point de vue irréfléchi ; c'est au contraire le point de vue d'une longue et patiente réflexion – en fait très fréquente à l'époque de Kant – qui, quoique dénuée de preuve empirique, fait néanmoins l'objet d'une probabilité intellectuelle très élevée.

Dans le même ouvrage, Kant exemplifie à la suite de Fontenelle[34] le cas d'habitants non terrestres peuplant la Lune : « Qu'il puisse y avoir des habitants sur la Lune [*Einwohner im Monde*], bien que nul être humain n'en ait jamais eu perception, assurément faut-il l'accorder, mais cela signifie uniquement que, lors du progrès possible de l'expérience nous pourrions les rencontrer [*treffen könnten*].[35] » Cette analyse est intéressante à plus d'un titre : elle montre que ce qui n'a pas encore expérimenté est néanmoins pensable, et que des éléments pensés

34. cf. Fontenelle, *Entretiens sur la pluralité des mondes* (1686), *passim*.
35. *Ibid.*, AK III, 340, A 492-493/B 521, GF, p. 472 ; *OP I*, 1139.

par anticipation peuvent être expérimentés ultérieurement ; elle montre également que la pensée humaine n'est pas limitée par l'état historique des connaissances empiriques : il est possible de penser les habitants de la Lune quand bien même ceux-ci ne sont pas encore découverts empiriquement parlant.

Il nous reste le deuxième versant de l'argumentation à apporter : Kant dissocie-t-il clairement les hommes des êtres raisonnables, en considérant qu'une infinité d'êtres raisonnables peuplent le cosmos ? À cette question, force est de constater que la réponse est positive. Les *Fondements de la métaphysique des mœurs* datant de 1785 sont tout à fait explicites :

« Si l'on ajoute qu'à moins de contester au concept de moralité toute vérité et toute relation à quelque objet possible, on ne peut disconvenir que la loi morale ait une signification à ce point étendue qu'elle doive valoir non seulement pour des hommes, mais pour tous les êtres raisonnables en général [*nicht bloß für Menschen, sondern alle vernünftige Wesen überhaupt*], non pas seulement sous des conditions contingentes et avec des exceptions, mais avec une *absolue nécessité*, il est clair qu'aucune expérience ne peut donner lieu de conclure même à la simple possibilité de telles lois apodictiques.[36] »

La structure syntaxique est ici parfaitement claire : les hommes ne sont pas les destinataires exclusifs de la loi morale ; ce sont de manière générale *tous les êtres raisonnables* qui le sont, ce qui revient à dire que *l'homme n'est le destinataire de la loi morale qu'en tant qu'être raisonnable et non en tant qu'homme*. C'est ce qu'il y a en lui de raisonnable qui en fait le destinataire de la loi, et non son humanité qui, comme nous l'avons montré, ne saurait prétendre à rien de grand ni de digne.

C'est pourquoi Kant prend le soin, dans une perspective que Rémi Brague qualifierait sans doute de misanthropique, de préciser que la moralité

---

36. Emmanuel Kant, *Fondements de la métaphysique des mœurs*, II, AK IV, 408 ; *OP II*, 268-269.

qu'il souhaite élaborer doit être dissociée de toute perspective humaine, c'est-à-dire anthropologique : *rien de spécifiquement humain ne doit venir perturber la compréhension de la moralité authentique* ; à l'inverse, tout ce qui est spécifiquement humain demeure irrémédiablement extérieur à la loi morale :

«Ne pense-t-on pas qu'il soit de la plus extrême nécessité d'élaborer une bonne fois une philosophie morale pure qui serait complètement *expurgée de tout ce qui ne peut être qu'empirique et qui appartient à l'anthropologie* ? [...]. Tout le monde doit convenir que pour avoir une valeur morale, c'est-à-dire pour fonder une obligation, il faut qu'une loi implique en elle une absolue nécessité ; il faut que ce commandement : « Tu ne dois pas mentir », ne se trouve pas valable pour les hommes seulement en laissant à d'autres êtres raisonnables la faculté de n'en tenir aucun compte, et qu'il en est de même de toutes les autres lois morales proprement dites.[37] »

37. *Ibid.*, AK IV, 389 ; *OP II*, 245-246. Nous soulignons.

Concluons sur ce point : la moralité kantienne ne saurait être comprise à partir de l'humanité ; au contraire, ce n'est qu'en étant expurgée de tout ce qui est spécifiquement humain, de tout ce qui est empirique et anthropologique qu'elle devient intelligible ; pourquoi cela ? Parce que la moralité ne peut être comprise qu'à partir de l'universalité, qui n'est pas celle de *tous les humains*, mais bien plutôt celle de *tous les êtres raisonnables*. L'être humain n'est jamais qu'un échantillon, c'est-à-dire un élément particulier, des êtres raisonnables, et ne saurait donc être le point de départ d'une élucidation de la moralité qui se veut universelle et qui caractérise ainsi l'entièreté des êtres raisonnables peuplant l'univers.

5° La « loi morale »

Nous avons croisé dans la sous-partie précédente la notion de « loi morale » que nous n'avons toutefois pas définie. Pourtant, bien des éléments sont d'ores et déjà présents pour en comprendre la signification : d'une part, *seul un être raisonnable dispose d'une loi morale*. Puisque cet être raisonnable est précisément *raisonnable*, alors *la loi morale et la raison pratique sont nécessairement liées*. Enfin, dans le cas très particulier de l'homme qui, rappelons-le, n'est qu'un échantillon particulier des êtres raisonnables, la loi morale ne sera pas le signe de son humanité mais de son caractère raisonnable qui l'apparente ainsi à l'ensemble des peuples habitant l'Univers. Mais cette loi risque de se heurter à sa constitution matérielle, donc à sa nature spécifiquement humaine, qui rendra difficile la réalisation de ladite loi.

Commençons donc l'examen de cette fameuse « loi » : une loi est une règle objective dotée d'une validité universelle. Si la loi est donc celle de l'être raisonnable, elle sera valable pour *tous les êtres raisonnables* et non pour les seuls humains, du fait même qu'elle n'est pas liée à la nature humaine mais à la raison pratique qui excède largement la seule humanité. Par conséquent, Kant considère que la loi morale, loin d'être un effet de l'humanité, est d'abord et avant tout un « fait de la raison » – *Tat der Vernunft* – qui nous étreint consciemment.

Et Kant d'ajouter : « Le fait qu'on vient d'indiquer est incontestable.[38] »

En quel sens donc la « loi morale » est-elle un fait de la raison ? L'interprétation de ce passage est complexe et a donné lieu à de nombreuses lectures contradictoires. Le plus simple est sans doute d'en proposer une approche minimaliste : puisque Kant précise à plusieurs reprises que ce fait ne se situe pas dans le monde empirique mais dans la conscience seule, il faut sans doute comprendre qu'*avant toute action*, il nous est possible de douter, d'hésiter, c'est-à-dire *de ne pas être entièrement déterminés par nos penchants sensibles et affectifs*. Nos hésitations et nos doutes montrent que *du point de vue de la conscience* nous ne sommes pas de pures machines déterminées par une implacable nécessité ; quelque chose en nous semble nous indiquer une possibilité qui n'est pas celle de nos penchants. Le gourmand peut par exemple ne pas reprendre un troisième dessert et

---

38. Emmanuel KANT, *Critique de la raison pratique*, Ire partie, AK V, 32 ; *OP II*, 645.

ce malgré ses inclinations naturelles humaines, trop humaines ; le tueur peut décider de ne pas tuer sa victime malgré son goût du sang, etc. En somme, cette loi morale qui est un fait de la raison ne nous semble rien désigner d'autre que ceci : la formidable capacité de tout être raisonnable à avoir conscience de la possibilité de *ne pas faire ce que ses penchants sensibles l'invitent à accomplir*.

Dire cela, c'est dire que la loi morale est d'abord et même fondamentalement négative : elle est une certaine manière de s'arracher aux penchants sensibles et affectifs, par quoi nous retrouvons justement la définition même de la liberté pratique : être libre au sens pratique du terme, c'est considérer que la volonté peut ne pas être déterminée par les penchants affectifs mais au contraire par la raison pratique. Si la loi morale est le « fait » conscient de cette dernière, alors cela signifie que les sujets raisonnables ont conscience qu'ils peuvent ne pas obéir à leurs inclinations matérielles, qu'elles soient sensibles, affectives, psychologiques ou même sociales. Par conséquent, que *dit* la loi morale ?

PENCHANTS
SENSIBLES
RAISON

Elle ne peut avoir de sens que si elle invite le sujet à l'arrachement de sa particularité, à l'arrachement de ce qu'il est en propre pour l'inviter à ne plus penser que comme être raisonnable. Précisons ce point : le « fait » de la raison pratique signifie que tout sujet raisonnable peut avoir conscience qu'il n'est pas déterminé par ses penchants matériels et qu'il peut s'en arracher ; ce fait de la raison pratique se conjugue à la liberté pratique qui lui permet de déterminer la volonté non par ses penchants matériels mais justement par la raison pratique. Que signifie justement déterminer la volonté par la raison pratique ? Cela signifie déterminer la volonté par la loi morale, donc par le refus de toute forme de particularité, donc par l'universalité la plus pure. « Ce qui est essentiel dans la valeur morale des actions, écrit Kant, *c'est que la loi morale détermine immédiatement la volonté.*[39] »

Clarifions le propos plus encore : la loi morale nous demande à nous, êtres raisonnables, de ne pas

39. *Ibid.*, AK V, 71 ; *OP II*, 695.

penser l'action selon qui nous sommes individuellement mais selon qui nous sommes *universellement*. Universellement nous sommes des êtres raisonnables : tout autre critère est particularisant et donc occultant en matière morale : que je sois homme, femme, jeune, vieux, asiatique, africain, européen, et même humain ou non-humain, ce sont là des caractéristiques particulières qui perturbent la moralité en tant qu'elles se rattachent non pas à ce qui est raisonnable – universel – mais à ce qui ne l'est pas, à ce qui est déterminé et particulier en moi. Et nous pensons qu'il faut aller jusqu'à dire que *raisonner en tant qu'humain revient à raisonner de manière particulière* : l'homme n'est pas comme tel un être raisonnable ; son humanité n'est pas comme telle raisonnable ; donc raisonner *en tant qu'homme*, c'est particulariser le rapport à la loi morale, donc se priver de toute approche authentiquement universelle de la loi.

Que dit donc cette loi morale inscrite au cœur de chaque être raisonnable ? « Agis toujours de telle sorte que la maxime de ta volonté puisse en même temps toujours valoir comme principe d'une législation universelle.[40] » La volonté produit des maximes, c'est-à-dire des décisions dans une situation particulière. Mais de telles maximes ne doivent pas, pour être morales, être engoncées dans la particularité du sujet qui les formule ; en d'autres termes, elles doivent être adoptées par tout être raisonnable, *abstraction faite de toute particularité*. En somme, pour être moral, il ne faut pas raisonner en tant que femme, en tant qu'enfant, en tant que victime, en tant que bourreau, en tant que Français, en tant que Congolais, en tant qu'humain, mais il faut raisonner *indépendamment de toutes ses particularités* et faire en sorte que sa pensée puisse être adoptée par tout être raisonnable *en tant qu'il est justement raisonnable et qu'il peut faire abstraction de ses particularités*. Cette loi est donc une invitation à se débarrasser de son identité propre pour ne plus retenir de soi que ce qui n'est précisément pas le cœur du soi, à savoir le caractère raisonnable qui apparente le soi à cette communauté universelle – cosmique – de tous les êtres raisonnables.

---

40. *Ibid.*, § 7, AK V, 30 ; *OP II*, 643.

6° La loi se manifestant à l'homme : l'impératif catégorique

S'il est plusieurs types d'êtres raisonnables, et si l'homme est bel et bien l'un d'entre eux dont la nature est particulièrement grossière et médiocre, alors on peut en conclure que la manière dont la loi se donne à lui est particulièrement peu spontanée. Ou, pour le dire plus simplement, *rien n'incite l'homme à respecter la loi morale compte tenu de sa nature propre, donc la loi morale ne peut se donner à lui que de manière impérative puisque sa nature ne l'incite pas à spontanément la respecter*. C'est pourquoi Kant distingue la loi morale – qui est la même pour tous les êtres raisonnables – de la manière dont elle se donne aux hommes – manière qui est particulière et qui prend la forme d'un impératif ; comprenons par là que rien dans la manière dont se donne la loi ne saurait être *agréable* à l'homme, ce sans quoi on retomberait dans un aspect pathologique et donc affectif ; symétriquement, la manière dont se donne la loi ne doit pas non plus être *désagréable* et ce pour les mêmes raisons. Par conséquent, *l'absence d'agrément de la manifestation de la loi morale auprès de l'homme ne saurait être entendue comme une présence de désagrément* : elle est simplement la conséquence logique du fait que la loi, provenant de la raison, ne saurait prendre quelque voie affective que ce soit, positive comme négative.

Allons plus loin : lorsque la loi se manifeste à moi en tant qu'humain, c'est-à-dire lorsque la loi morale se manifeste auprès d'un être par nature sensible et intelligible, elle vient en contrarier les penchants sensibles. Cela revient à dire que *quelque chose qui n'est pas totalement moi mais qui pourtant ne m'est pas extérieur vient m'obliger en tant que je suis membre d'un monde d'êtres raisonnables, membre du monde intelligible.* « Ainsi, écrit Kant, des impératifs catégoriques sont possibles pour cette raison que l'idée de la liberté fait de moi un membre d'un monde intelligible.[41] » Comprenons bien le propos qui scinde l'homme en deux : *en tant que membre du monde intelligible, donc en tant qu'être raisonnable,*

41. Emmanuel Kant, *Fondements de la métaphysique des mœurs*, IIIe section, AK IV, 454 ; *OP II*, 325.

je connais la loi morale qui se manifeste à moi comme un fait conscient. Mais *en tant qu'être sensible* sujet, je ne me rapporte pas à cette loi comme à une évidence ni comme à une tâche aisée à accomplir ; au contraire, celle-ci s'impose à moi de manière impérieuse, comme un *impératif* qui m'oblige et qui se produit à rebours de mes tendances naturelles. En d'autres termes, si je n'étais pas humain, il serait plus simple de respecter la loi, celle-ci serait accomplie avec plus d'évidence et ne se présenterait pas à moi sous une forme impérieuse : il en résulte, écrit Kant, que si je n'étais que raisonnable, « toutes mes actions *seraient* toujours conformes à l'autonomie de la volonté ; mais, comme je me vois en même temps membre du monde sensible, il faut dire qu'elles *doivent* l'être »[42].

Que dit alors de si peu agréable l'impératif ? Il invite le sujet à ne pas céder à ses penchants particuliers, à ne pas obéir à ses envies immédiates et particulières, à ne pas penser selon son identité

42. *Ibid.*

propre, selon son sexe, son époque, sa catégorie sociale, son espèce même, mais à penser de manière universelle, comme s'il était un pur être raisonnable dénué de tout rapport à la sensibilité. Mais la loi morale ne le disait-elle pas déjà ? Assurément si, mais la loi invitant tous les êtres raisonnables à raisonner universellement n'impliquait pas que cela fût difficile à accomplir. Le fait même de parler d'impératif, et de devoir reformuler à plusieurs reprises le contenu de cet impératif, souligne combien ardue est l'observation de la loi pour les sujets humains si engoncés dans leur matérialité et pourquoi la loi morale prend chez les hommes cette forme *impérieuse* du *devoir*. « Tous les impératifs sont exprimés par le verbe *devoir* »[43] écrit Kant, pour bien marquer cette nature obligeante des impératifs.

Mais alors, que doit finalement *vouloir* la volonté humaine ? Kant ne répond pas à cette question quant au contenu : contrairement aux Dix Commandements où des actions précises et spécifiques sont demandées

43. *Ibid.*, IIe section, AK IV, 413 ; *OP II*, 275.

GARÇON ! TOURNÉE GÉNÉRALE !
?
BAH QUOI ?
J'AGIS COMME SI LA MAXIME DE MON ACTION DEVAIT ÊTRE ÉRIGÉE EN LOI UNIVERSELLE DE LA NATURE !
C'EST QUI MAXIME ?

– ne pas tuer, ne pas convoiter, etc. –, la Loi morale spécifiée pour les hommes en impératifs catégoriques ne donne pas de contenu précis à accomplir mais une *forme* à adopter. Qu'est-ce à dire ? Cela signifie que la loi ne dit pas concrètement *ce qu'*il faut faire mais qu'elle dit *de quelle manière* il faut raisonner : je ne dois pas vouloir ce que désirent mes penchants sensibles et affectifs qui me mènent vers la particularité, je ne dois pas vouloir succomber aux faiblesses de ma nature propre, mais *je dois vouloir être un être raisonnable* ; je ne dois pas vouloir me rabaisser au niveau de l'animal qui succombe sans cesse à ses penchants, ni même au niveau du simple humain qui en tant que tel demeure engoncé dans ses intérêts particuliers ; je dois m'élever à ce monde intelligible, à ce règne des êtres raisonnables, ce qui revient à dire que je dois désirer en moi ce qui est raisonnable. La grande découverte de la morale kantienne est donc la suivante : *est suprêmement désirable en moi ce qui n'est pas moi* ; *est suprêmement désirable en moi non pas ce qu'il y a d'humain mais ce qu'il y a de raisonnable par quoi je suis apparenté à l'univers tout entier et arraché à ma particularité.*

7° Remarques finales sur le Bien chez Kant

Kant est un penseur du transcendantal ou, plus exactement encore, de la subjectivité transcendantale. Cela signifie que le sens du bien et du mal doit être fixé par la subjectivité qui peut parvenir à trouver un accord entre tous les sujets sur ce qui est bon. Un tel geste philosophique revient à considérer d'abord que le bien et le mal en soi sont inconnus, tout comme l'est la chose en soi dans l'ordre de la connaissance ; le bien et le mal n'ont de sens que par celui qu'en fixe la subjectivité. En outre, il faut en déduire que rien d'extérieur à la subjectivité ne peut être bon ou mauvais : les actes comme tels ne sont ni bons ni mauvais, le monde des actions est comme vidé de sa dimension morale objective. Où passe dans ce cas la moralité ? Elle passe dans la volonté de manière exclusive : « De tout ce qu'il est possible de concevoir dans le monde, et même en général hors du monde, il n'est rien qui puisse sans restriction être tenu pour bon, si ce n'est seulement une bonne volonté.[44] »

---

44. Emmanuel Kant, *Fondements de la métaphysique des mœurs,* Ire section, AK IV, 393 ; *OP II*, 250.

On a ainsi ce que l'on pourrait appeler une désobjectivation du bien qui ne caractérise plus les actions comme telles mais la volonté qui est bonne dès lors qu'elle veut être raisonnable, c'est-àdire dès lors qu'elle se laisse déterminer par la raison pratique. Kant rompt de manière spectaculaire avec les morales classiques définies d'abord par une certaine objectivité de l'action, certaines d'entre elles étant décrétées bonnes – honorer ses père et mère, aimer son prochain, etc. –, et d'autres mauvaises – tuer, convoiter, jalouser, etc. Ainsi, et pour prendre un exemple marquant, chez Kant tuer n'est pas mauvais en soi, ni bon en soi : seule importe la considération de la volonté qui préside à l'acte puisque la seule chose qui peut être bonne est la volonté. La morale bascule en somme tout entière du côté de l'intention en tant que cette dernière peut être déterminée par la raison.

Illustrons ce problème : Benjamin Constant, dans un débat célèbre, avait objecté à Kant qu'il y avait des cas où il fallait moralement mentir[45],

---

45. cf. Benjamin Constant, *Des réactions politiques* [1797].

par exemple lorsqu'un innocent se réfugierait chez nous en étant poursuivi par un tueur : il faudrait mentir à ce dernier pour sauver l'innocent. Et il est vrai que, spontanément, nous aurions tendance à considérer qu'il serait bon de sauver cet innocent, quitte à mentir. Or rien ne serait plus contraire à l'esprit même de la pensée kantienne, ainsi qu'à sa lettre : premièrement, sauver l'innocent en tant qu'innocent, c'est en fait déjà raisonner de manière particulariste ; c'est ne pas voir en celui-ci un être raisonnable mais une caractéristique particulière de ce dernier, et c'est donc sombrer en deçà de la raison. Deuxièmement, Constant évoque une action qui se ferait « par humanité » ; or une telle action serait donc affective, mue par une certaine sentimentalité, et relèverait par conséquent d'une faculté inférieure de désirer.

Inversement, la logique du raisonnement kantien imposerait de considérer non pas des particularités, donc de faire abstraction du fait que l'on soit tueur, victime ou assassin, et d'y substituer la considération

DIRE LA VÉRITÉ
EST UN DEVOIR :
HONNÊTEMENT
DANS CETTE ROBE
TU AS L'AIR GROSSE.

d'êtres raisonnables[46] : la moralité n'est pas un rapport d'individu particulier à individu particulier mais est un rapport d'être raisonnable universel à être raisonnable universel. Seul ce qu'il y a de raisonnable en autrui est respectable ; être victime n'est donc pas un élément digne de respect aux yeux de la moralité kantienne. Or, que dois-je vouloir pour mon *alter ego*, c'est-à-dire pour mon frère en raison ? Non pas le mépriser en le réduisant à sa particularité de victime ou de tueur mais au contraire le *respecter* en lui devant ce que réclame toute raison, à savoir la vérité. En d'autres termes, *respecter autrui*, ce n'est pas verser dans le sentimentalisme en m'attendrissant sur son caractère de victime ou en m'indignant devant sa condition particulière de tueur ; c'est au contraire faire abstraction de sa condition particulière et contingente de victime ou de tueur pour ne plus y voir que ce qu'il y a de plus digne en lui, à savoir sa dimension raisonnable. Or les êtres

46. Tous ces arguments sont développés dans un petit opuscule en tout point admirable de cohérence, *D'un prétendu droit de mentir par humanité*, AK VIII, 423-430 ; *OP III*, 433-441.

raisonnables désirent la vérité ; par conséquent, respecter autrui, c'est-à-dire ne percevoir en lui que ce qui est digne – donc raisonnable –, c'est lui devoir la vérité ; donc je dois dire la vérité au tueur, *parce que je ne la dis pas à l'individu particularisé comme tueur mais à l'être raisonnable en qui je reconnais mon semblable.*

3
Oser

Dans un certain nombre de situations, le jugement chez Kant ne peut pas s'exercer sous la forme d'une connaissance ; cela tient à deux raisons différentes que voici : soit l'objet que l'on cherche à connaître n'est pas un phénomène et donc n'apparaît pas dans l'espace et le temps ; soit le sujet ne dispose pas de concepts permettant de penser correctement l'objet qui lui apparaît. De là naissent deux questions : comment *penser* les objets en l'absence de concepts, et comment *penser* les objets non phénoménaux ? Nous voyons ici qu'une certaine audace sera nécessaire, tant pour continuer à penser au-delà du monde phénoménal que pour continuer à penser sans l'aide des concepts.

1° Un nouvel usage de l'idée

Si les concepts sont produits par la spontanéité réfléchie de l'entendement, il n'en va pas tout à fait de même pour les idées ; celles-ci proviennent bien plutôt d'un raisonnement, ce qui signifie qu'elles constituent une solution à un problème que rencontre la raison. En d'autres termes, la raison ne se contente pas des connaissances conceptuelles que lui offre l'entendement et vise à comprendre au-delà la raison d'être des phénomènes que lui permet de connaître l'entendement. « Quoi qu'il puisse en être, écrit Kant, de la possibilité des concepts issus de la raison pure, ce sont, non pas simplement des concepts réfléchis, mais des concepts produits en conclusion d'un raisonnement.[47] » Les idées sont donc le signe du fait que la raison ne se limite pas à la seule connaissance du monde phénoménal ; elle développe sa propre conceptualité qui, bien que ne s'appliquant pas au monde phénoménal, vise à comprendre *pourquoi* tel ou tel phénomène a lieu. Ainsi en va-t-il de l'idée

47. Emmanuel Kant, *Critique de la raison pure*, AK III, 244 ; AK IV, 198 ; A 310/B 366, GF, p. 340.

de Dieu : cette idée ne saurait être appliquée à un quelconque phénomène, mais elle n'en contient pas moins une charge compréhensive en ceci qu'elle permet de rendre raison de la présence du monde phénoménal : il a été créé par Dieu, sa raison d'être réside dans la volonté divine.

Aussi l'idée nous permet-elle de passer du *comment* au *pourquoi*. L'entendement fournit des concepts permettant de répondre à la question du fonctionnement des phénomènes ; ces derniers sont ainsi déterminés par un appareillage conceptuel donnant un sens intellectuel au monde. Mais à la question « pourquoi le monde existe-t-il ? » ou encore « pourquoi y a-t-il un monde plutôt que rien ? », l'entendement avoue son ignorance et c'est là que la raison prend le relais en répondant à l'aide de ses Idées. De là la définition kantienne de l'Idée :

« J'entends par Idée un concept nécessaire de la raison auquel aucun objet qui lui corresponde ne peut être donné dans les sens. Ainsi nos concepts purs de la raison, à l'examen desquels nous procédons actuellement, sont-ils des *Idées transcendantales*. Ce sont là des concepts de la raison pure, dans la mesure où ils considèrent toute connaissance empirique comme déterminée par une totalité absolue des conditions.[48] »

Comprenons d'abord que rien de phénoménal ne correspond à l'idée et telle est la raison pour laquelle les idées pensent au-delà de la seule connaissance empiriquement vérifiable, raisonnent au-delà de la connaissance conceptuelle. Mais alors pourquoi dire que l'Idée est transcendantale ? Précisément parce que le transcendantal n'apparaît pas dans l'expérience et ne concerne que les conditions de la connaissance. Dire de l'Idée qu'elle est comme telle transcendantale, c'est à la fois dire que son objet ne se manifeste pas phénoménalement et en même temps rappeler que cette Idée permet au sujet de donner un certain sens au monde ; en d'autres termes, *avec l'Idée transcendantale, le sujet raisonne et donne une raison d'être non-phénoménale à une*

48. *Ibid.*, AK III, 254 ; AK IV, 207 ; A327/B 384, GF, p. 350.

série de phénomènes donnée. Demeure alors une interrogation : que signifie la « totalité absolue des conditions ? » Pour le comprendre, il faut se rappeler que l'Idée est le produit d'un raisonnement ; or, tout raisonnement s'appuie sur des propositions qui s'enchaînent selon un ordre syllogistique bien précis. La question est alors de savoir si la chaîne des propositions contenues dans un raisonnement peut être totalisée, donc close, ou si elle est condamnée à régresser ou progresser à l'infini. La réponse de Kant à cette question est fort subtile : elle revient à dire que *du point de vue la raison, et du point de vue de la raison seulement,* la chaîne de propositions contenues dans un raisonnement doit être finie, donc doit pouvoir former une totalité close. Par conséquent, *du point de vue de la raison,* l'Idée est ce grâce à quoi la chaîne des propositions se clôt et trouve son unité, ce grâce à quoi la totalité des conditions prend son sens.

Mais il nous faut aller plus loin : il va de soi que seul l'inconditionné – l'absolu – est en mesure de fournir la totalité des conditions d'un raisonnement ;

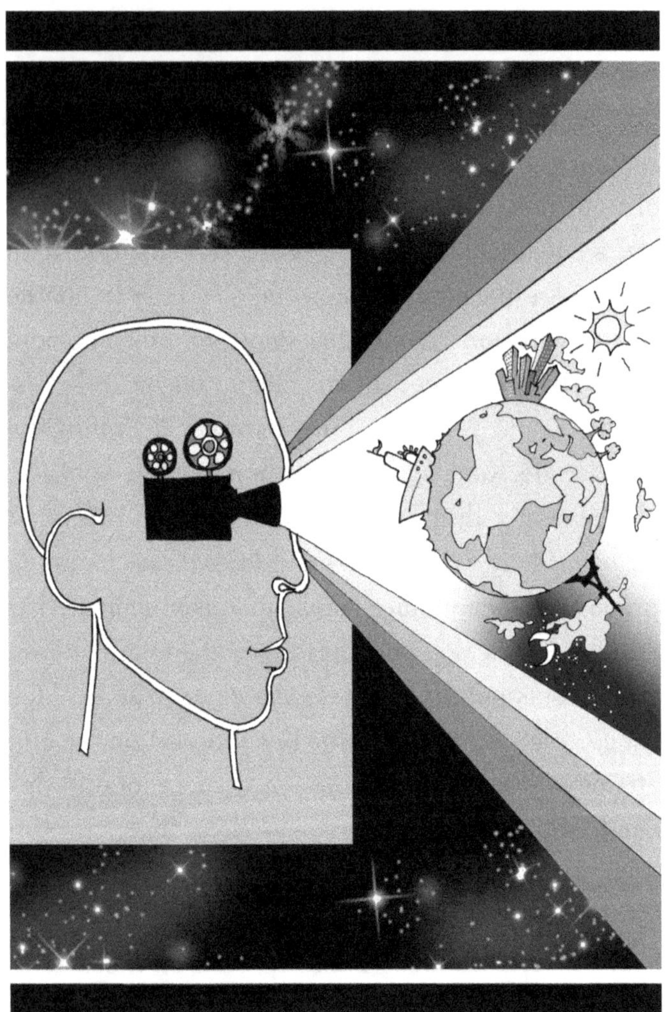

en d'autres termes, seul ce qui échappe à la détermination est en mesure de rendre raison de l'ensemble unifié des déterminations. C'est pourquoi Kant parle d'une totalité *absolue* – c'est-à-dire inconditionnée – des conditions en jeu dans un raisonnement. La raison est donc capable de se rapporter à l'absolu dans la synthèse des conditions en jeu dans un raisonnement : encore une fois, cela ne contredit pas l'esprit du kantisme puisque ce rapport à l'absolu ne prétend en aucun cas devenir une connaissance ; c'est bien plutôt une exigence d'unification à partir d'un élément indéterminé, inconditionné et donc absolu.

Dans quels cadres concrets l'Idée peut-elle alors déployer son extension ? Elle le peut dans trois directions : 1) la raison peut rechercher l'unité des pensées du sujet ; 2) elle peut chercher à remonter également la série des conditions du phénomène ; et 3) chercher à penser l'unité de tous les objets de la pensée en général. Cela conduit la raison à former : 1) l'Idée de l'Âme où le sujet pensant apparaît comme une substance indéterminée – absolue – à partir de laquelle deviennent compréhensibles toutes ses pensées ; 2) l'Idée de Monde comme ensemble de tous les phénomènes reliés les uns aux autres ; et enfin 3) l'Idée de Dieu comme Être inconditionné rendant possible tous les êtres déterminés. Il y a donc trois Idées primordiales, celle du Sujet pensant comme substance formant la psychologie, celle du Monde comme unité des phénomènes formant la cosmologie, et celle de Dieu comme raison d'être de tous les objets étant formant la théologie. S'ajoute l'Idée de la liberté comme Idée d'un commencement absolu d'une série d'actions lui-même non déterminé, Idée que l'on peut néanmoins relier à l'Idée du Moi ou de l'Âme comme substance autonome et absolue.

Il faut enfin prendre garde à une erreur contre laquelle Kant ne cesse de prémunir son lecteur : *les Idées, insiste-t-il, sont transcendantales et non transcendantes*. Cela veut dire qu'elles sont un moyen pour la raison de donner du sens aux phénomènes, mais à aucun moment *ce moyen de donner du sens ne doit être considéré comme applicable phénoménalement.*

En d'autres termes, les exigences propres de la raison ne doivent pas être confondues avec ce qui se produit dans le monde phénoménal ; ainsi, bien que je ne puisse pas faire autrement que développer l'Idée du Moi comme substance absolue, *je ne dois en aucun cas en déduire qu'il existe un Moi substantiel* ; de la même manière, je ne dois en aucun cas déduire de l'Idée de Dieu que ce dernier existe. Ce ne sont là que des exigences de la raison qui ne valent paradoxalement *que pour la raison* et pas pour une quelconque réalité extérieure. C'est pourquoi il faut distinguer avec force l'usage légitime des Idées, qui est un usage transcendantal permettant de donner du sens *pour la raison* à l'ensemble des phénomènes, d'un usage illégitime, qui consiste à croire que quelque chose correspond phénoménalement au contenu des Idées. Le mauvais usage des Idées transforme ces dernières en Idées transcendantes par lesquelles nous croyons que quelque chose de réel correspond au produit de notre raisonnement. En somme, Kant nous exhorte à ne pas prendre nos raisonnements pour autre chose qu'une exigence de la raison pour elle-même. Il faut donc bien oser *raisonner* au-delà de la connaissance, mais il faut en même temps se garder de croire que de tels raisonnements présentent un quelconque sens réel et concret : ils ne doivent rester que des raisonnements.

2° La faculté de juger

Nous avons abordé ci-dessus le cas précis du raisonnement débordant la connaissance ; d'une certaine manière, le sujet dispose d'un excès de concepts qu'il cherche à utiliser dans de multiples situations, y compris lorsque lesdits concepts ne peuvent plus s'appliquer aux phénomènes. Mais il existe la situation inverse où, face à un phénomène, le sujet est dépourvu de concepts et ne peut donc plus le connaître, ni peut-être même le penser. Quelle possibilité reste-t-il alors au sujet lorsque celui-ci échoue à déterminer conceptuellement le phénomène qui lui apparaît ?

Pour comprendre cette difficulté, il faut préciser une distinction interne au jugement que Kant a clairement établie entre le jugement *déterminant* et le jugement *réfléchissant*.

« La faculté de juger en général est le pouvoir de penser le particulier comme compris sous l'universel. Si l'universel (la règle, le principe, la loi) est donné, la faculté de juger qui subsume sous lui le particulier est *déterminante* (même quand, comme faculté de juger transcendantale, elle indique *a priori* les conditions conformément auxquelles seulement il peut y avoir subsomption sous cet universel). Mais si seul le particulier est donné, pour lequel l'universel doit être trouvé, la faculté de juger est simplement *réfléchissante.*[49] »

Cela relève d'une interrogation sur la faculté de juger qui est un intermédiaire entre l'entendement et la raison. Elle est le pouvoir de subsumer le particulier sous le général, c'est-à-dire sous une règle ou une loi. Si l'universel, c'est-à-dire le concept permettant d'identifier le particulier, est donné, alors la faculté de juger est dite déterminante : cela signifie que le sujet est en mesure de *déterminer* conceptuellement

49. Emmanuel Kant, *Critique de la faculté de juger*, AK V, 179, trad. Alain Renaut, GF, 2000, p. 158.

le sens du phénomène, de l'identifier. En revanche, lorsque seul le phénomène est donné sans la règle d'identification, alors la faculté de juger est dite « réfléchissante », en tant qu'elle doit être cherchée. La faculté de juger peut donc être conçue comme la capacité à reconnaître et identifier dans les phénomènes particuliers les concepts universels et les règles générales dont dispose le sujet.

3° Le jugement réfléchissant

La faculté de juger réfléchissante désigne l'état du sujet face au phénomène dont il ne peut pas déterminer le sens, c'est-à-dire la situation du sujet face à des éléments naturels dont il ne connaît pas les lois ni les règles qui en régissent le fonctionnement : les concepts permettant de penser les lois de la nature font défaut et ce qui apparaît demeure indéterminé. Que peut alors faire le sujet face à la *résistance* de la nature phénoménale au regard de sa compréhension ? Il ne lui reste que la réflexion, c'est-à-dire le retour à soi, l'examen de soi puisque l'examen déterminant de la nature se révèle infructueux. *Ne pouvant parler de la nature qui lui apparaît, le sujet se voit condamné à parler de lui-même*, c'est-à-dire parler de la manière dont *il* pense la nature, dont *il* envisage le sens global de la nature et non plus parler d'une loi naturelle ni d'une règle naturelle comme telles.

Il va donc proposer une manière de penser la nature qui, certes, ne sera nullement démontrable mais qui exposera son point de vue propre d'entendement limité sur la nature. Ne pouvant parler avec nécessité et universalité de cette dernière, il parlera de lui-même et de la manière dont il pense les choses.

« La faculté de juger réfléchissante, à laquelle il incombe de remonter du particulier dans la nature jusqu'à l'universel, a donc besoin d'un principe qu'elle ne peut emprunter à l'expérience, parce que précisément il doit fonder l'unité de tous les principes empiriques sous des principes également empiriques, mais plus élevés, et par conséquent la possibilité de la subordination systématique de ces principes les uns aux autres. [...]. Or, ce principe

Loi
morale

ne peut être autre que celui-ci : attendu que les lois universelles de la nature ont leur fondement dans notre entendement, qui les prescrit à la nature [...], les lois empiriques particulières, eu égard à ce qui en elle reste indéterminé par les lois universelles, doivent être considérées selon une unité telle qu'un entendement [...] aurait pu lui aussi la donner, à destination de nos pouvoirs de connaître, pour rendre possible un système de l'expérience selon des lois particulières de la nature.[50] »

Face à l'objet particulier et indéterminé, le sujet ne dispose que de sa propre réflexion pour remonter à l'universel ; il n'a pas de concepts ni de lois disponibles. Que peut alors produire le sujet ? *Ce dernier va tenter de donner du sens à l'indéterminé*, donc adopter une démarche transcendantale, en considérant *a priori* que l'ensemble des lois empiriques tend vers une fin précise. En d'autres termes, ne pouvant déterminer le phénomène précis qui lui apparaît, le sujet *est comme acculé à penser la liaison des*

50. *Ibid.*, AK V, 180, GF, p. 159.

phénomènes entre eux, et y voit une unité cohérente qu'il juge finalisée. Ne pouvant connaître le phénomène particulier, le sujet produit une réflexion sur l'unité universelle des phénomènes et pense cette liaison comme finalisée, parvenant donc à l'idée d'une finalité objective de la nature. Cela revient à dire que face à l'incompréhension d'un phénomène, le sujet ne s'avoue pas vaincu : maintenant l'exigence transcendantale d'identifier le sens de la nature, il réfléchit et parvient à l'idée selon laquelle tout se passe comme si l'ensemble des phénomènes tendait vers une fin, imposant donc de considérer que le phénomène indéterminé contribue d'une manière ou une autre à cette fin. La finalité de la nature est au fond le principe transcendantal audacieux par lequel le sujet tente de donner un sens pourtant non vérifiable à la liaison universelle des phénomènes.

4° Le jugement esthétique

Nous avons abordé le jugement réfléchissant dans son versant objectif, celui qui vise à réfléchir une finalité naturelle pour donner sens à la liaison universelle des phénomènes. Mais qu'en est-il lorsque le phénomène indéterminé ne saurait prétendre à une réflexion objective et semble cantonné à la seule individualité du sujet, lorsque le jugement ne semble pouvoir concerner que lui et lui seul ? Tel est le problème du jugement esthétique qui est réfléchissant mais qui ne saurait amener à une réflexion conduisant à une finalité objective.

Commençons par définir les termes : « Un jugement esthétique, écrit Kant, est celui dont le principe de détermination réside dans une sensation qui est reliée immédiatement avec le sentiment de plaisir ou de déplaisir.[51] » Clarifions : le phénomène reçu est indéterminé, c'est-à-dire que le sujet ne saurait dire s'il est objectivement beau ou objectivement laid ; il ne dispose pas de concept de beauté ni de laideur permettant de déterminer le phénomène dans un sens ou dans l'autre. Mais la réflexion le ramène vers lui-même et lui révèle qu'il dispose d'éléments infraconceptuels, à savoir ses états de plaisir et de déplaisir. Donc, à défaut de pouvoir déterminer si

51. Emmanuel Kant, *op. cit.*, § 8, AK V, 224, GF, p. 114.

l'objet est objectivement beau ou laid, le sujet pourra néanmoins parler de lui-même et décrire ses états en affirmant que tel objet est *plaisant* ou *déplaisant*. Dire « cela me plaît », ce n'est en somme pas déterminer esthétiquement l'objet, c'est produire un sujet sur soi-même par la description de ses propres états de plaisir. Le jugement esthétique est donc un jugement réfléchissant le plaisir et le déplaisir du sujet.

Mais alors, dans le jugement esthétique, le sujet renonce définitivement à parler de l'objet pour y substituer un discours exclusif sur son propre plaisir en réfléchissant ses propres états. Mieux encore, le sujet réfléchit son plaisir et se demande s'il le juge valable pour lui seul, auquel cas il dira qu'il a affaire à l'agréable, ce dernier désignant un plaisir jugé particulier, ou s'il le juge devant être partagé par tous, auquel cas il dira qu'il a affaire au beau, ce dernier désignant un plaisir que l'on estime universalisable, tout en sachant qu'il y aura toujours des sujets ne le partageant pas. *Le beau n'est donc en rien un concept déterminant l'objet, il n'est jamais que la description réfléchie du plaisir du sujet qui estime que son plaisir est tel que tout sujet doté de sensibilité devrait éprouver le même plaisir que lui.* Mais juger cela, ce n'est en aucun cas parler de l'objet, ce n'est jamais que désobjectiver la question esthétique pour la focaliser sur les états du sujet. Le langage est alors producteur d'illusions fâcheuses : *le jugement réfléchissant donne l'impression de parler de l'objet (ceci est beau, agréable, laid,* etc.) *alors qu'il ne parle que de soi : je fais part de mon plaisir que je juge universalisable ou pas.* Cette illusion langagière se retrouve à de nombreuses occasions chez Kant, notamment dans la célèbre analyse de la rose :

« Du point de vue de la quantité logique, tous les jugements de goût sont des jugements *singuliers*. Car, dans la mesure où je dois rapporter immédiatement l'objet à mon sentiment de plaisir et de peine et cependant ne pas le faire par l'intermédiaire de concepts, ces jugements ne peuvent avoir la quantité de jugements possédant une valeur universelle objective – cela, bien que, si la représentation singulière de l'objet du jugement de goût est transformée par comparaison en un concept, suivant les conditions

QUE DOIS-JE FAIRE?
QUE PUIS-JE CONNAÎTRE?
QUE M'EST-IL PERMIS D'ESPÉRER ?

qui déterminent ce jugement, il puisse en résulter un jugement logiquement universel. Par exemple, la rose que je vois, je déclare, par un jugement de goût, qu'elle est belle. Au contraire, le jugement qui procède de la comparaison de nombreux jugements singuliers : « Les roses en général sont belles », n'est plus énoncé simplement comme un jugement esthétique, mais il est énoncé comme un jugement logique fondé sur un jugement esthétique.[52] »

Lorsque je dis que « cette rose est belle », que suis-je réellement en train de dire ? Suis-je en train de parler de cette rose-ci et d'en délivrer une propriété ? *Il ne faut pas être dupe ici de la formulation langagière du jugement* : il est vrai qu'en apparence je parle *de cette rose-ci*, mais en réalité *j'en parle sans rien en dire*. Voilà le paradoxe trompeur du jugement esthétique qui autorise la parole sur l'objet et en interdit simultanément tout dire à son égard. En effet, dire que cette rose est belle ne signifie rien d'autre que le fait suivant : cette rose me plaît,

52. *Ibid*, § 8, AK V, 215, GF, p. 193-194.

et je réfléchis mon plaisir comme possédant la prétention d'une certaine universalité. En d'autres termes, *bien que je semble parler de la rose, ce que je dis ne concerne que moi, c'est-à-dire l'évaluation à laquelle je procède de l'extension de mon propre plaisir*.

C'est pourquoi d'ailleurs Kant prend le soin de distinguer le jugement « cette rose est belle » du jugement « Les roses en général sont belles. » ; il s'agit pour lui d'indiquer quelle est la nature de l'extension de mon jugement lorsqu'il est esthétique ; l'erreur serait de croire que l'universalité que je puis revendiquer dans le jugement esthétique pourrait s'appliquer aux objets eux-mêmes alors qu'elle n'a de sens que par la prétention de valoir *pour autrui*. En d'autres termes, l'extension universelle de mon jugement ne porte pas sur la quantité d'objets jugés, mais bien plutôt sur la *quantité de sujets* dont j'estime qu'ils doivent partager mon propre plaisir. Bref, si le jugement esthétique est toujours singulier, cela ne peut pas signifier qu'il *dise* quelque chose de cet objet-ci, mais cela veut dire qu'il évoque cet objet-ci et qu'il réfléchit la possibilité que le plaisir ressenti à l'occasion de celui-ci puisse être éprouvé par tous.

5° Le refus de la jouissance esthétique

Le paragraphe précédent a eu pour ambition de montrer que la question de la beauté chez Kant ne tient nullement à une analyse des propriétés objectives d'un objet mais tient au contraire à la *possibilité d'un discours s'inscrivant dans les facultés d'un sujet* par lesquelles un sens peut être attribué à l'objet sans que ce dernier n'ait en rien permis de justifier une telle attribution. Il faut donc déterminer la capacité du sujet à juger de manière *a priori* dans le cadre esthétique, ce que Kant nomme l'« héautonomie ».

«Cette législation devrait être nommée proprement *héautonomie*, puisque la faculté de juger ne donne la loi ni à la nature ni à la liberté, mais exclusivement à elle-même, et qu'elle n'est pas un pouvoir de produire des concepts d'objets, mais seulement un pouvoir de comparer des cas qui se rencontrent avec ceux qui lui sont donnés par ailleurs et d'indiquer *a priori* les conditions subjectives de la possibilité de la liaison qui s'établit ainsi.[53] »

Kant dessine ici les contours d'un discours philosophique possible en matière esthétique, consistant à donner au sujet le pouvoir de produire une législation qui, de manière fort curieuse, ne vaut guère *que pour le sujet lui-même* – ne vaut que d'un point de vue subjectif – renonçant à toute prétention objective. À cet égard, si nous admettons volontiers que Kant conçoit clairement ce que peut être un jugement de goût, il nous semble tout aussi clair qu'il condamne *a priori* toute philosophie de l'art ; l'effort remarquable produit pour sauver la nature philosophique du discours en matière esthétique, c'est-à-dire dans l'ordre du rapport sensible du sujet à lui-même, s'effondre lorsqu'il est question de penser la nature philosophique du discours sur *l'objet* esthétique en général et donc sur l'objet *artistique* en particulier.

---

53. *Ibid.*, AK V, 225, GF, p. 115-116. Le préfixe *hé* de l'héautonomie permet ainsi d'indiquer que la faculté de juger produit des lois destinées à juger non pour l'objet mais bien pour elle-même.

Il élabore dans le domaine artistique ce que nous pourrions appeler une « condition d'impossibilité » au sens où il produit un effort philosophique considérable pour établir la nécessité d'un renoncement à toute philosophie de l'art, ce qui revient à dire que *l'élaboration du jugement esthétique s'avère être un synonyme de l'élaboration d'une condition d'impossibilité de la philosophie de l'art* en raison du renoncement à penser l'objet comme tel dans le jugement esthétique[54] : une pensée philosophique de l'art *en tant qu'art* ne saurait en effet être indexée sur le seul plaisir du sujet ni sur l'harmonie de ses facultés.

Mais il nous faut aller plus loin encore. Dans la distinction inaugurale entre l'agréable – plaisir que je juge valable pour moi seul – et le beau – plaisir que j'estime pouvoir être universalisé –, Kant associe à l'agréable la notion d'intérêt qu'il dénie en revanche au beau. Que signifie dans ce cadre la notion

54. Pour aller plus loin sur cette question, nous nous permettons de renvoyer à Thibaut Gress, *L'œil et l'intelligible. Essai sur le sens philosophique de la forme en peinture*, tome I, Paris, Kimé, 2015, p. 88-135.

d'intérêt ? L'intérêt ne désigne rien d'autre que ce que nous disons lorsque nous disons « j'aime les frites », c'est-à-dire que nous associons à la représentation des frites l'idée d'un plaisir ; plus exactement encore, nous avons un intérêt quand l'idée de manger des frites est jugée comme pouvant nous *apporter un certain plaisir*. Voilà donc la signification primordiale de l'intérêt associé à la représentation d'un objet ; nous en attendons du plaisir, nous nourrissons à son égard l'attente qu'il nous fasse plaisir. Cela signifie que, lorsqu'il y a intérêt, j'attends quelque chose de l'objet lui-même, au sens où je me représente l'idée selon laquelle la rencontre avec son existence m'apporterait quelque chose de plaisant. C'est la raison pour laquelle Kant précise lui-même que « vouloir quelque chose[55] et trouver une satisfaction à son existence, c'est-à-dire y prendre un intérêt, c'est identique.[56] »

Pourquoi Kant cantonne-t-il alors l'intérêt à l'agréable et le refuse-t-il à la satisfaction engagée

55. Ce que Kant désigne par « vouloir quelque chose », nous l'entendons comme « éprouver une attente ».
56. *Ibid.* AK V, 208, GF, p. 187.

dans le beau ? Pour quelle raison l'intérêt est-il intrinsèquement contraire au jugement esthétique ? Un paradoxe se fait ici jour, qui se peut toutefois résoudre aisément : en apparence, l'intérêt semble ramener au seul sujet puisqu'il s'agit de l'attente de ce dernier, donc d'une attente purement subjective dont on comprend fort bien qu'elle ne puisse valoir que *pour moi*. Mais en réalité, pour peu que l'on prenne le temps d'interroger le sens d'une attente ou d'une volonté, l'on comprendra pourquoi Kant ne peut l'admettre dans le cadre du jugement esthétique : se représenter l'objet comme pouvant m'apporter une satisfaction particulière, se représenter son existence comme susceptible de me *faire plaisir*, c'est en réalité attribuer à l'objet un certain nombre de qualités qui, dans leur interaction avec ma sensibilité, engendreront le plaisir. Ainsi, pour reprendre l'exemple des frites, je puis dire que je me les représente comme plaisantes *parce que* j'aime ce qui est gras et salé ; en d'autres termes, le drame de l'intérêt est qu'il donne lieu à une *explication possible* de ce qui plaît à partir des propriétés de l'objet représenté comme faisant plaisir, ce qui revient à dire qu'il y a intérêt quand ce qui plaît est déterminable.

Tel est donc le paradoxe de l'intérêt rencontré dans l'agréable, que de revenir à la fois à la particularité du sujet et en même temps ouvrir à l'objet des qualités qui rendraient compte de ce qui fait qu'il est agréable pour moi. Or, outre le problème du jugement de goût des sens, Kant ne peut admettre une telle situation car cela reviendrait à aliéner la subjectivité à un objet empirique, auquel on aurait de surcroît prêté des propriétés objectives que Kant refuse de considérer dans le cadre du jugement de goût. Par conséquent, l'exigence générale de la troisième Critique est telle que l'intérêt ne peut que faire l'objet d'un refus dans le cadre du jugement de goût, ce qui revient à dire que la satisfaction doit s'exercer de manière *désintéressée*. « On voit facilement, écrit Kant, que ce qui importe pour dire que l'objet est *beau* et pour prouver que j'ai du goût, c'est ce que je fais de cette représentation en moi-même, et *non ce par quoi je dépends de l'existence de cet objet.*[57] » Si je me représente un objet comme *susceptible de me*

57. *Ibid.*, AK V, 205, traduction p. 183. C'est nous qui soulignons.

faire plaisir, de m'apporter quelque chose, je crée une attente à l'égard de l'existence de l'objet en tant que, s'il existait, il pourrait concrètement m'apporter cette satisfaction, ce qui revient bien à m'aliéner à l'objet existant ; inversement, si ma représentation est indifférente à l'existence de l'objet, cela signifie que ma satisfaction n'augmentera nullement si l'objet existe réellement et ne diminuera pas s'il n'existe pas, c'est-à-dire que *ma satisfaction ne se trouve nullement aliénée à l'existence empirique de l'objet*. Partant, le plaisir ne dépend pas de ce dernier mais bel et bien de l'accord subjectif de mes propres facultés, ce qui lui permet de rester *a priori*.

Mais dans ce cas, si le jugement de goût est vraiment désintéressé, si je ne dois rien en attendre sous peine d'aliéner mon jugement aux propriétés objectives de l'objet qui susciteraient en moi un plaisir déterminable, alors on peut aussitôt en déduire que la jouissance est exclue de tout jugement de goût ou, pour être plus précis, ne peut être réservée qu'à l'agréable. Si je juge les frites comme m'apportant un plaisir, je peux penser dans le cas de l'agréable

PUISQUE JE TE DIS QUE J'ÉPROUVE ...
... UN PLAISIR DÉSINTÉRESSÉ !
L'AMOUR DE L'ART !
'TOUTE FAÇON T'AS JAMAIS RIEN COMPRIS À LA PEINTURE !

une certaine jouissance anticipable et éprouvable ; en revanche, dans le cas du beau, toute anticipation de jouissance effective reviendrait à déterminer ma réaction face à l'objet et donc à briser la notion même de beauté telle que l'élabore Kant. Comme l'a donc parfaitement vu Nietzsche[58], le jugement de goût kantien au sens fort est ascétique et exclut toute forme de jouissance légitime.

6° L'audace du « comme si »

Cette troisième partie nous a sans doute amené à aborder l'aspect le plus élevé de la philosophie transcendantale, celui où le sujet *ose* donner du sens au monde quand même les concepts de la raison ne peuvent-ils pas s'y appliquer directement ou les cas dans lesquels lui font défaut certains concepts – celui de beauté en particulier. C'est là la partie la plus élevée du transcendantal en ceci que *tous les sujets,* malgré l'impossibilité de déterminer de manière démontrable tel phénomène par tel concept, sont comme amenés par une force transcendantale à *quand même vouloir*

58. Cf. Friedrich Nietzsche, *Généalogie de la morale*, III, § 6.

penser le sens du monde dans lequel ils évoluent, et ce, au détriment des règles de la connaissance au sens strict. Mais pour que cette démarche transcendantale ait un sens, il faut faire *comme si* l'on pouvait appliquer les Idées de la raison aux objets, *comme si* l'on disposait d'un concept de beauté et que l'on pouvait avoir une nécessité et une universalité dans le jugement de goût, *comme si* la Nature disposait intrinsèquement d'une finalité objective bien que tout cela ne soit jamais qu'une certaine manière qu'a le sujet de se représenter en vue d'en réguler *pour lui-même* l'immense complexité.

Le « comme si » n'est pas comme tel fictionnel[59] car il satisfait les exigences de la raison et en résume l'audace ; lorsque les Idées que forme la raison ne sauraient avoir de réalité objective, le sujet doit quand même oser penser les choses *comme si* – c'est-à-dire en sachant que tel n'est pas réellement

59. Sur l'héritage du « comme si » et la tendance contemporaine héritée de Hans Vaihinger du « fictionalisme », cf. Christophe BOURIAU, *Le « comme si ». Kant, Vaihinger et le fictionalisme*, Paris, Cerf, 2013, *passim*.

le ca – elles étaient telles que la raison se les représente. Tel est par exemple le cas avec l'Idée de Dieu que la raison doit se représenter à l'origine du monde « *comme si* un tel être était présupposé en tant que fondement ultime »[60]. Lorsque le sujet veut penser la beauté des choses et qu'il se rend compte qu'il ne dispose pas de concept de beauté, il doit pourtant oser faire *comme si* les phénomènes étaient déterminables par un tel concept qui puisse s'appliquer universellement et nécessairement aux phénomènes. De la même manière, lorsque le sujet réfléchit les phénomènes indéterminés et pense de manière transcendantale une finalité objective, il doit faire *comme si* cette finalité régulait la nature en son entier. « C'est dire qu'à travers ce concept [de finalité] la nature est représentée *comme si* un entendement contenait le fondement de l'unité de la diversité de ses lois empiriques.[61] »

---

60. Emmanuel Kant, *Critique de la raison pure*, AK III, 412 ; A 618/B 646, GF, p. 545. Nous soulignons.
61. Emmanuel Kant, *Critique de la faculté de juger*, AK V, 180-181, GF, p. 159. Nous soulignons.

Conclusion
Se taire

Nous avons axé cette présentation de la pensée kantienne autour de la question du *sens* ; le sujet transcendantal est celui qui cherche à donner sens au monde, à donner une identité précise à ce qui l'entoure, tout en sachant que la manière dont il déterminera un tel sens ne vaudra que relativement à son propre appareillage conceptuel et sensible. Sans doute un extraterrestre doté de concepts différents doterait-il le monde d'un sens fort différent du nôtre ; la notion même de « monde » lui serait peut-être même étrangère, le « monde » étant une Idée de la raison qui n'a de sens que dans l'usage régulateur de cette dernière.

Cela revient à dire que *toute la pensée de Kant est une injonction à se taire concernant l'absolu* :

nous ne saurons jamais ce qu'est réellement le monde pris indépendamment de nous, nous ne pouvons pas connaître ce que sont les choses indépendamment de notre propre point de vue humain : ce que nous percevons et connaissons est toujours relatif à notre manière de connaître et de percevoir, si bien que les choses en soi, c'est-à-dire les choses telles qu'elles sont *indépendamment de notre façon de les sentir et de les connaître*, demeurent à jamais inconnaissables. Pour connaître les choses telles qu'elles sont indépendamment de notre point de vue, il faudrait que nous puissions nous y rapporter en nous affranchissant de nous-mêmes, en nous affranchissant par exemple de toute perception spatiale, de toute perception temporelle, de tout usage des catégories, etc. Or il est absolument impossible de percevoir de manière ni spatiale ni temporelle ; de la même manière, la connaissance catégorielle (cause, effet, etc.) fait nécessairement appel à notre manière propre de connaître, si bien que sur les choses en soi nous devons garder le silence.

Le paradoxe est que, dans l'absolu, les choses en soi ne sont pas différentes des phénomènes ; ces derniers *sont* au sens ontologique du terme les choses en soi, mais ils le sont *relativement* à notre pouvoir de percevoir ; en d'autres termes, *si l'on raisonnait indépendamment de notre sensibilité et de notre conceptualité*, les phénomènes ne se distingueraient pas des choses en soi ; mais *pour nous*, ils sont la spatio-temporalisation des choses en soi, c'est-à-dire la saisie de l'absolu *relativement* à notre sensibilité et à nos catégories.

Cela ne nous empêche pourtant pas de *penser* les choses en soi à défaut de pouvoir les connaître ; nous formons un concept des choses en soi que Kant appelle « noumène » : le noumène est une capacité du sujet à donner un sens à la *notion générale* de « chose en soi », c'est-à-dire une capacité à la définir de manière générale comme ce qui échappe à notre intuition, comme ce qui ne saurait être relatif à notre sensibilité, comme ce qui ne saurait être conditionné par l'espace et le temps. Le noumène est donc la chose en soi non plus du point de vue de l'esthétique transcendantale – la sensibilité – mais du point de vue de la conceptualité de l'entendement ; il est la manière dont l'entendement essaie de conceptualiser la notion même de chose en soi.

Mais à côté de la chose en soi se joue également tout ce qui échappe aux phénomènes, tout ce qui n'apparaît pas comme tel et dont nous avons des Idées : Dieu, la liberté, le monde, l'Âme. Grâce aux Idées, nous pouvons *penser* de tels objets mais est-il possible de développer à leur endroit des *thèses* précises, d'affirmer avec précision quoi que ce soit de ceux-ci ? Tel est le problème des antinomies de la raison pure qui interroge la possibilité de tenir des thèses sur ce qui n'est pas sensible, sur ce qui n'est pas phénoménal, et sur ce qui n'a de sens que relativement à la raison. Ce problème se redouble lorsque l'on songe au fait que les hommes ont tendance à prendre les phénomènes pour des choses en soi en oubliant l'inaccessibilité de ces dernières :

« il y a en effet *trois sortes d'antinomies* de la raison pure, qui convergent toutes en ceci qu'elles contraignent la raison pure à s'écarter de la présupposition au demeurant très naturelle selon laquelle les objets des sens sont tenus pour les choses en soi elles-mêmes, à ne les faire valoir bien plutôt que comme des phénomènes et à leur supposer un substrat intelligible (quelque chose de suprasensible dont le concept est seulement une Idée et ne permet nulle connaissance véritable).[62] »

Nous présenterons pour finir *les antinomies comme l'exigence du silence dans l'ordre de la connaissance* agrémentée, dans certains cas, d'une possibilité de *penser* dans l'ordre du noumène.

Kant observe que, pour tout ce qui excède les phénomènes, la raison peut *poser* une thèse – l'aspect thétique – aussi bien que son contraire – l'aspect antithétique – et défendre *simultanément* les deux positions malgré leur caractère incompatible qui, chacune, se démontre par la réfutation de l'autre. Ainsi la première antinomie de la raison pure porte-t-elle sur le commencement du monde

62. Emmanuel Kant, *Critique de la faculté de juger*, AK V, 344, GF, p. 332-333.

et donc sur sa nature finie ou infinie, la seconde sur la possibilité de diviser à l'infini le monde en différentes parties, la troisième sur l'existence ou non de la liberté, et la quatrième sur l'existence ou non de Dieu. Les deux premières antinomies sont indécidables car il faudrait être en mesure de sortir du temps et de l'espace pour étudier la possibilité d'un commencement du monde tout comme celle d'une divisibilité à l'infini de celui-ci, ce qui est strictement impossible compte tenu du fait que nous n'avons affaire qu'à des phénomènes spatio-temporels. Sur la question de la nature infinie ou finie du monde, tout comme sur la nature divisible des entités, il nous faut garder le silence et nous taire. En revanche, pour les deux antinomies suivantes, s'il est impossible d'affirmer *du point de vue de la connaissance* qu'il existe un Être suprême et une liberté parce qu'ils ne s'observent pas phénoménalement, il est néanmoins possible de les penser *nouménalement* sous une forme transcendantale : en d'autres termes, Dieu et la liberté ne sont pas des objets phénoménaux connaissables dont on puisse parler avec certitude, mais ils n'en conservent pas moins un sens pour la pensée lorsqu'elle s'élève au niveau transcendantal. Le silence est donc total du point de vue cosmologique, mais la pensée – et non la connaissance – reprend ses droits du point de vue théologique et pratique.

À côté des antinomies de la raison pure existe celle de la raison pratique portant sur le rapport entre observation de la vertu et bonheur : peut-on démontrer que le bonheur même à la vertu ou que la vertu mène au bonheur ? C'est l'antinomie du Souverain Bien défini comme union de la vertu et du bonheur. *Du point de vue de la connaissance, il faut une fois de plus se taire, car aucun lien de nécessité ne relie la vertu au bonheur*. En revanche, *du point de vue de ce que l'on peut postuler au niveau pratique*, il est possible de formuler l'hypothèse selon laquelle un Dieu moral cause de la nature récompensera l'âme immortelle du sujet moral. Ce n'est pas là une connaissance puisque cela est non-phénoménal et indémontrable, mais c'est néanmoins quelque chose qui peut se laisser *penser* à titre d'hypothèse, de postulat de raison pratique.

Existent enfin les antinomies de la faculté de juger : la première concerne le goût et se demande si l'on peut s'accorder *conceptuellement* sur le goût tandis que la seconde interroge l'existence de la finalité. La solution passe une fois encore par le silence dans l'ordre de la connaissance : nul concept de beauté n'existe, si bien que le jugement de goût ne saurait reposer sur des concepts déterminés et déterminants et qu'aucune *connaissance* esthétique ne saurait être établie. Autrement dit, le silence est d'or en matière de *connaissance* esthétique ; mais, ainsi que nous l'avions expliqué dans le précédent chapitre, le principe déterminant du jugement de goût « se trouve peut-être dans le concept de ce qui peut être considéré comme le substrat suprasensible de l'humanité »[63] par lequel s'expriment une harmonie entre la nature et l'homme ainsi qu'une harmonie entre les facultés humaines. Quant à l'antinomie du mécanisme et du finalisme, elle reçoit une solution similaire : aucune finalité ne saurait être constitutive de la connaissance et celle-ci doit se taire quant à toute notion de cause finale, mais la raison peut proposer l'Idée régulatrice de causes finales en ceci

63. *Ibid.*, AK V, 340, GF, p. 328.

que l'homme transpose le fait qu'il est lui-même une fin dans l'ordre de la nature : en d'autres termes, la raison pratique qui conçoit l'être raisonnable comme la fin même de la création semble par réflexion transposer cette fin à la nature, assignant à cette dernière une finalité raisonnable.

Concluons : Kant est sans doute l'auteur qui a le plus dissocié le sens de la connaissance. Le sujet transcendantal cherche à donner sens à l'ensemble du monde, mais cette tentative de donner du sens excède bien souvent les bornes de la connaissance que permet un entendement fini. À cet égard, Kant ne cesse d'établir la nécessité d'un silence religieux de la connaissance concernant les choses en soi *et* ce qui excède le phénoménal, à savoir le suprasensible. Mais il libère du même geste la possibilité de *penser* l'inconnaissable, et donc de superposer un *sens* sur le silence, la raison *pensant* au-delà des silences de l'entendement sans pour autant parvenir à former par elle-même d'authentiques connaissances. « N'est-ce pas là un effort désespéré de la part de Kant de maintenir un discours sur ce qui échappe à la connaissance ? », pourrait se demander le lecteur sceptique ; il reviendra au génie hégélien de démontrer à quel point cette superposition du sens de la raison sur le silence de l'entendement impose de remanier la définition même de la raison et d'éliminer au sein de la philosophie toute forme de silence.

Table des matières

www.ingramcontent.com/pod-product-compliance
Lightning Source LLC
LaVergne TN
LVHW021941220826
846092LV00010B/1197

9782315007257